Se eu te amasse,
estas são as coisas que eu te diria

Marco Severo

Se eu te amasse, estas são as coisas que eu te diria

Histórias de amor

3ª reimpressão

© Moinhos, 2019.
© Marco Severo, 2019.

Edição:
Camila Araujo & Nathan Matos

Assistente Editorial:
Sérgio Ricardo

Revisão:
LiteraturaBr Editorial

Diagramação e Projeto Gráfico:
LiteraturaBr Editorial

Capa:
Humberto Nunes

Nesta edição, respeitou-se o
Novo Acordo Ortográfico da Língua Portuguesa.

Dados Internacionais de Catalogação na Publicação (CIP) de acordo com ISBD

S498s
Severo, Marco
Se eu te amasse, estas são as coisas que eu te diria / Marco Severo.
Belo Horizonte, MG : Moinhos, 2019.
132 p. ; 14cm x 21cm.
ISBN: 978-85-45557-71-5
1. Literatura brasileira. I. Título.
2019-84
                                                       CDD 869.8992
                                                       CDU 821.134.3(81)

Elaborado por Vagner Rodolfo da Silva - CRB-8/9410

Índice para catálogo sistemático:
1. Literatura brasileira 869.8992
2. Literatura brasileira 821.134.3(81)

Todos os direitos desta edição reservados à
Editora Moinhos
editoramoinhos.com.br
contato@editoramoinhos.com.br

Sumário

Voragem, 11
Chegada ao local dos destroços, 16
Na imensidão, a procura, 22
Pássaro que sobrevoa a dor, 30
O rio que corre para dentro do mar, 38
A ambição que cabe em cada lugar, 43
Dia de jogo é todo dia, 52
O fim a partir do qual começamos, 69
O amor de Midas, 77
Nadar na piscina das crianças, 86
Bruto chão do querer, 94
Nenhum solo a mais, 104
Nunca longe demais de ti, 117
Aprender a viver, 122

*Este livro é para a minha irmã, Raquel,
a quem eu amo e digo que amo:
eu te amo.*

Para o coração a vida é simples: ele bate enquanto puder.
E então para.
Karl Ove Knausgaard

Quem sabe a que escuridão de amor pode chegar o carinho.
Clarice Lispector

Quero te contar uma história de amor — a tua.
Embora saibas, suponho,
que nem todas as histórias de amor acabam bem.
Laura Ferrero

Agora, pois, permanecem estas três coisas:
a fé, a esperança e o amor;
mas a maior de todas é o amor.
1 Coríntios, 13:13

Voragem

Confesso que quando nos vimos pela primeira vez nada aconteceu. Você era apenas uma criança e eu já era adulto o suficiente para sentir algo que você ainda hoje não descobriu: que os anos passam sem que a gente os perceba. Sente-se o que se vive, os atos viram lembranças, mas os anos vão ficando pelo corpo, a gente rejeita, renega, e quando se dá conta, é hora de desembarcar. Tudo isso ainda vai demorar em ti, os anos ainda te são generosos. Claro que notei sua inteligência (mas isso todo mundo notava), sua vontade de falar sempre; e foi com alegria que recebi emprestado de você um livro desses que há muitos anos eu já não lia mais, porque sabia que o gesto lhe era importante – entrego a ti um pouco de mim, reconheço em você um pouco do que sou. Levei o livro para casa e devolvi depois de alguns dias. Gostou?, foi a pergunta, num tiro de perto. Não tanto quanto da série, respondi com uma verdade apoiada em cadafalso. Eu, que naquela mesma época assistia, entre risadas, bebidas e cigarros, a uma série boba porém divertida para esquecer um amor, por acaso da mesma escritora daquele livro. Funcionava na televisão, em livro era uma bobagem.

O tempo deu-lhe características universais, das quais você se apropriou tão bem: pelos no rosto, um discreto pomo-de-adão, e o destino de que não nos perdêssemos. Éramos agora amigos, veja só, compartilhando outros saberes, risadas sem vícios, apenas pela alegria de compartilhar bons momentos, e muitas cartas que depois se transformaram em e-mails e que não poderiam jamais se transformar em mais nada. Os vinte anos que nos separam nos distanciam para qualquer possibilidade de coexistência. O desejo, no entanto, resiste à razão, e com o pensamento em ti fluidos secaram no lençol no qual desejava que você estivesse comigo. Não seria difícil me despir da vida que hoje me cobre para seguir rumo às camas e gozos e ao amor que fazem de mim a intensidade personificada. Noutra vida. Nessa, não. Nessa já tenho promessas demais a cumprir, e caminhos a percorrer antes de poder descansar em ti.

Mas qual tolice é maior do que vislumbrar no amor a possibilidade de repouso? Repouso, que, afinal, é pousar outra vez: quem toca o mesmo chão repetidas vezes não descansa.

O convite para visitar-lhe me chegou como uma surpresa, e no entanto, fiz em mim estádio repleto, decisão levada aos últimos minutos do jogo. Era todo eu a exultância de um aglomerado de torcedores com seus sentimentos tão certos e tão volúveis: lembrei que num e-mail recente você dera a saber que a prima que morava contigo havia voltado para a cidade de onde viera. Você voltara a morar sozinho. Tonteei o pensamento de te agarrar contra a parede assim que fechasse a porta atrás de mim, malas lançadas de qualquer jeito no chão, se o nosso destino eram nossos corpos, destino final daquilo a que nomeamos desejo.

Quase que foi mesmo assim. Você esperou pela minha atitude que eu hesitei em tomar. Tantos anos adiante dos teus e para quê, se quando a vontade vem a hesitação estremece a direção do querer? Parecia já intuir que não seria o que eu passei a vida a querer: os anos juntos, as guerras combatidas a dois, os tiros dados dentro da mesma trincheira. Vontades que nunca existiram.

Não demorou e eu entendi o teu jeito de viver: sua faculdade ainda teria alguns anos pela frente, as passagens para nossos encontros seriam caras e nos veríamos tão poucas vezes por ano que a cada encontro revelaríamos a sede do deserto. E se depois viesse o mestrado, o doutorado, você perguntava. Volte. O que se faz em um lugar se pode fazer em outro. Talvez variações existam, mas nada que vá lhe tirar dos seus rumos profissionais. Não era estando juntos que unificaríamos nosso modo de viver? Então você me diz que prefere não, que a falha geológica que nos separa era capaz de terremotos terríveis, e que não acreditava que eu fosse capaz de largar meu companheiro de tantos anos, uma vida a dois estável, que ninguém era destemido assim só que eu era. Só que eu era, eu disse quando pensava Eu sou. Com sua pequena e suave mão espalmada em meu peito você colocou entre nós o obstáculo derradeiro. Mesmo assim, ambos sabemos, eu tentei. De longe, me importava com sua vida. De longe, você me mostrava através dos outros que o que tínhamos não poderia ser, afinal, só nosso. Sua descrença me paralisava. Então, deixei-me cair.

Antes da queda, existiram as certezas só encontradas nos desvarios da volúpia: Como só a Sherazade era capaz de fazer, quero que, a cada encontro, você anseie pelo seguinte, quero que coloque seu olhar escancarado sobre o meu em claro desejo de corpos em movimento horizontal, peso e fluidos se equilibrando sobre o impacto do que se pode chamar de amor: que a perdição seja completa, sussurro. Nós, náufragos encontrados, que tantas milhas desbravamos para chegarmos aonde poucos puderam navegar, não poderíamos outra coisa que não nos despejarmos um dentro do outro em jorros inevitáveis. Eu, que de ti só quero lembrar o que é preciso esquecer, adormeço e sonho. Sempre haverá o dia seguinte em que minha língua-nau percorrerá todos os caminhos feitos por ti, rio que desemboca no mar. Você, que não é terra firme de pisar, me acorda, quando então só quero te mostrar a realidade: o mastro do nosso navio, pronto para nos levar ao paraíso contido em nós dois.

Para tudo isso você acedia, exceto quando se ponderava a possibilidade de amar a dois e ninguém mais: Amor não nasceu para ser terra demarcada, jaula nem gaiola, e desconhece as regras da razão. Eu dizia que você estava certo, Que dizer do amor que, sabendo de tudo isso, se faz no abraço de dois exclusivos e inequívocos corpos? Ao menos era assim que eu via, e enquanto durava, era assim para você também.

Entro na tua casa saqueada: Observo o piso removido, as janelas quebradas, as paredes destroçadas, e teu abandono transmutado em ausência. Para além de ti o que há? Não sei. Mas percebo que os escombros estão para trás de mim, onde os deixei por vontade. Já não consegue ser de alguém quem tem desejos de ser de todos. Muitas mãos sobre a mesma superfície não a acariciam, antes, a tornam irregular. E é por isso que você não mora mais aqui.

Os despojos são tão meus quanto seus, mas é de ti que eu falo quando digo que tenho medo. Ousei sentir teu hálito depois das farras, quando você se entregava com sonolência e com o desejo claramente em riste para que ambos dançássemos a música que por anos executamos tão bem, até você sussurrar pra mim e dizer que nem tudo na vida precisa ser uma despedida. Mas é só ao olhar para a frente que se percebe o adeus impossível: a memória, em todas as memórias, é onde você estará. Você, que nunca quis ler meus livros com receio de se encontrar neles, que nunca fumou os meus cigarros porque dizia que nosso amor precisava permanecer vivo em um de nós e não seria você a se matar de forma tão leviana, que não dormia ao meu lado porque acreditava que iria acordar sozinho no meio da noite em flagrante abandono: repara no que teus medos fizeram em nós.

Tantas vezes você disse que nossa diferença de idade era um impeditivo, que as referências uma hora fariam falta na procura do outro e que inevitavelmente nos perderíamos. De nada adiantava que eu dissesse que amar é um exercício de não se fazer só, que os passos dados juntos terminariam por sincronizar-se. O que não bastava em mim era te querer para além dos encontros furtivos, era querer esticar o braço na cama de madrugada e encontrar-te como quem segura no escuro um copo d'água, e te beber com a minha sede inequívoca. Nunca pensei em mim mesmo como chão de se pousar, tantas vezes te disse. Era todo eu terra incerta, assolada por relevos intransitáveis. E no entanto, eu quis. Eu quis, eu disse, não quero mais. E é por isso que caminho para fora do que restou. Porque meu caminho é atravessando a estrada, onde você não chega por ter medo dos caminhões que vêm e vão. Atravesso, não sem antes lançar sobre tudo o que me cerca um último olhar. Me volto para a travessia com a certeza de que a vida, a vida verdadeira, está mesmo longe de ti, em outro lugar.

No amor não existe luta breve.

Chegada ao local dos destroços

Abro a caixa onde guardo os cartões-postais que recebo de você, mãe, e deposito nela mais um, que chegou ontem. Vejo pelo carimbo junto ao selo, a data: 1979. Àquela altura, tendo nascido sob o signo de sagitário, eu estava no mundo há quase nove anos, idade pouca para entender o momento em que você saiu de casa e abandonou a mim e ao meu pai, um ano antes.

Há alguns meses recebi outro cartão, nele você dizia estar em alguma catarata por Santa Catarina, e o selo dizia que era 1995. Estranho como você consegue ir e voltar no tempo sem dificuldade alguma, como uma espécie de divindade imortal. Na mensagem, direcionada a mim – você nunca dedicou uma só linha ao meu pai – você dizia que eu já estaria me preparando para entrar numa faculdade, e que, tal como mergulhar em águas ágil-claras e senti-las passar por todo o corpo, de cima a baixo, eu estava prestes a passar por um período de grande transformação. Em seguida, assinava: "Sua inesquecível mãe". De fato eu adentrava, naquele instante mencionado pela carta, na universidade, embora aquela lembrança já estivesse perdida no tempo. Mas sim, mãe, você se tornou inesquecível para mim, pela simples razão de que você não me deixa esquecê-la; o que aliás parece ser esse também um sintoma inerente ao meu pai, que nunca quis buscar os meios possíveis de se divorciar legalmente de uma mulher que sumiu de qualquer mapa. Seria injusto com você, minha filha. Ela pode voltar.

Eu guardava comigo no travesseiro essas três palavras todas as noites, na hora de me deitar. *Ela pode voltar*, meu

pai dizia, e eu repetia para Deus, como numa prece, dando ênfase na palavra *pode* não como uma possibilidade, mas como uma permissão: sim, mamãe, você pode voltar. Nenhum de nós dois jamais quis você longe. Venha. A gente conserta o que deu errado. Entre pela porta que tirou você de nós, o caminho de ida pode sim ser o caminho de volta. Retorne, mamãe.
Mas você nunca veio.

Chegou um cartão-postal da minha mãe, eu anuncio para dentro de casa. De onde ele está, meu marido solta um grunhido. Pelo menos você fica sabendo que ela ainda está viva.
Pois é.
Na foto impressa no cartão, que dessa vez data de 2008, vejo uma grande praça rodeada por muita natureza resplandecente. É tanto verde junto que ele parece abraçar a praça. Por um instante imagino que você está lá também, que se eu for àquela praça em Porto Alegre, conseguirei encontrá-la, enfim. Sempre brinquei desse joguinho de achar que, de alguma maneira, você se esconde nas fotos dos cartões que me envia. Na mensagem desse cartão, levemente borrada nas laterais porque você usou uma caneta cuja tinta não secava rápido e sua mão passava por ela, manchando os espaços ao redor, a mensagem diz, É tempo de ir para os espaços públicos, respirar ar puro, cuidar de si. A vida é bela, filha. E em seguida, a indefectível assinatura: "Sua inesquecível mãe".
Que besteirada ela escreveu dessa vez?, meu marido pergunta, falando da sala. Eu não respondo.
Ao invés disso, leio e releio suas poucas palavras, medindo a extensão da mensagem, comparando com a de

outros cartões que recebi. Ano passado, por ocasião do meu aniversário, recebi um postal dizendo que havia um presente para mim na caixa postal de uma agência dos Correios cujo endereço você indicava, onde eu também deveria retirar a chave. Fui correndo para lá, sem pensar nem por um instante que me atrasaria para o trabalho e que Helena dependia de mim para ir à escola e, se não fosse, não tinha com quem ficar. Olhei para Luiz e disse a ele, Fique com a menina, e saí de casa sem esperar resposta. Quando cheguei lá, fui informada que aquela agência não trabalhava com caixa-postal. Não seria a outra, a duas ruas dali? Não, moço, o endereço que recebi é dessa aqui mesmo. Depois de agradecer e ir embora, fiquei na calçada um tempo, olhando ao redor. Na minha imaginação, mãe, pensei que o presente poderia ser justamente esse: chegar lá e descobrir que o presente não estava na agência, mas fora dela, me esperando na rua, quase quarenta anos depois. Olhei no meu entorno, acenei com a mão para o caso de você também estar me procurando e mesmo correndo o risco de parecer uma louca, mas ninguém se aproximou de mim. Ninguém sequer olhou para mim.

Não me dei por derrotada e fui à outra agência, de qualquer maneira. O número da caixa-postal indicado pelo cartão que você me enviou, porém, não existe lá. Tentei compreender aquilo como um recado: eu também não existo, a não ser quando quero; desista de me procurar e aceite o que eu tenho para dar exatamente dessa maneira. Com esse pensamento, entrei no carro, que tinha deixado estacionado na rua lateral, liguei o ar-condicionado e chorei até o vento gelado secar o que eu tinha no estoque de lágrimas. Passei a primeira marcha no carro e fui para casa. Aquele não era mais dia de trabalhar.

Ficou guardado no pouco que eu entendo como compreensão que sim, você consegue me encontrar. Afinal, você sempre me achou. Quando eu era uma criança, os cartões chegavam na casa onde eu morava com o pai, claro. Depois, quando me mudei para a república universitária, começaram a chegar para mim também lá. Quando fui estudar por dois anos em Cuba, os postais também encontraram o caminho do meu apartamento e hoje, com marido e uma filha, eles não cessam. Compreendi o seu recado e hoje não te busco mais: a busca foi, todo tempo, sua, e é assim que deve permanecer sendo. Nos lugares mais longínquos, lá você estava também. E eu sempre lhe recebi. Acho que, do seu próprio jeito, você sempre se manteve por perto.

De muitas maneiras se pode medir uma perda. Pela importância de quem se foi, na sua vida. Pelas referências que deixou. Os impactos que causava quando dialogavam. Pelo que se compartilhou juntos. Pelo quanto se provocavam em nome da consolidação dos laços afetivos. Pelo tempo e a intensidade do que se viveu. É por isso que perder um colega de escola, um primo ou um irmão geralmente abrem vazios completamente diferentes dentro da gente.

Quando papai morreu, há quatro anos, há pelo menos dois eu já sentia o espaço de sua ausência. Ele me chamava na casa dele, à noite, e ia me contar do tempo em que vocês namoravam, dos bailes para os quais iam, de como era voltar para casa à noite, de mãos dadas, num tempo em que se caminhava juntos, sonhando. Eu não fazia outra coisa senão ouvir. Entendi que aquele chamado era mais do que a necessidade de rememorar: era a forma de me deixar a sua herança. Os quase vinte anos que vocês viveram juntos. Ouvi-lo era a maneira que ele encontrou para que aqueles relatos não se perdessem. Eu os guardava comigo, como ainda guardo, consciente de que não sairão de mim. Carrego por dentro o sentimento do meu pai por você, mãe, como quem leva consigo um segredo. Foi através das palavras dele que eu pude compreender não sua atitude, nunca ela – mas a mulher que se retirou de nós. Como quem abre clareiras em busca de um avião caído no meio da mata, vou perscrutando meus próprios afluentes, na direção em que penso que você está.

Em muitas noites eu acordo de um sonho ruim, sento ereta na cama, arfando. E meu marido perguntando, O que foi, o que foi?, e tudo o que eu sei ou consigo dizer é que sonhei que eu ia aos lugares que você menciona nos seus cartões, a lhe procurar, quando então me chega a notícia de que na verdade você está morta há muitos anos. Ele acaricia os meus cabelos e pede para que eu volte a dormir, mas eu nunca consigo. Dormir se torna uma inutilidade da qual só me dou conta da importância quando estou lívida no escritório na manhã seguinte, sem ânimo para desempenhar qualquer função a não ser a de buscar café.

Há momentos em que eu tomo a firme decisão de que sim, você está morta. Peço a Deus que você de fato esteja, mas é só chegar um outro cartão-postal que tudo volta de onde havíamos parado. Eu toco o cartão, cheiro, leio diversas vezes suas palavras, mesmo quando meu marido me pede para jogar fora sem ler, mesmo quando elas me levam às lágrimas ou a um sentimento de ódio, repulsa e orfandade; quando em nada me importa que você esteja viva e bem, ou enterrada a milhares de quilômetros de mim. Eu sempre lhe procurei no mapa do país, me perguntando como seria o lugar de onde você me enviava aqueles postais, se você estava feliz, se lá era quente ou frio, se você tinha boas companhias e se sentia acolhida o suficiente. Perceba, mamãe, eu também encontrei minha própria maneira de me manter por perto. Antes de depositar na caixa que eu carrego desde criança, a caixa em que vieram embaladas as sapatilhas que você me deu quando entrei no balé, é precisamente o que eu faço. Leio e releio aquilo que você dedicou a mim até aqui: 87 cartões-postais, seiscentas e tantas linhas: eis a nossa vida juntas.

É a partir desse conhecimento que eu me deparo, finalmente, com o que restou. Como se depois de uma incansável busca eu encontrasse o que sobrou de um naufrágio, dos escombros de um prédio que desabou, ou daquele avião caído na mata. O choque da descoberta e a incompreensão da real proporção daquilo com que me deparo será para sempre maior do que eu. Nunca teremos respostas suficientes. Eu nunca saberei de fato quem é a mulher por dentro da minha mãe, como também sei que nunca dormirei completamente em paz por causa disso. Mais do que demônios, há também fantasmas que habitam em mim, mãe. E não os refuto mais. Aprendi a viver com eles.

Por que você está com essa cara, mamãe?, minha filha sempre me pergunta, ao me ver como que inexistente no tempo. Eu devia estar aérea, com o pensamento longe, respondo. Mas eu estou de volta, minha filha. Eu estou aqui, sem distância alguma a nos separar. Eu estou de volta.

Sim, mãe. Eu sempre estou de volta.

Na imensidão, a procura

Mariano Sereno, que não sabia ler para além das vontades do tempo, olhou para o céu e pensou, Vai chover. Fechou as janelas e a porta do terreiro da pequena casa onde morava sozinho desde que a mãe morrera, e acendeu a lâmpada incandescente pendurada por um fio vindo do teto sobre a mesa de madeira da sala, que ele mesmo fizera quando ainda acreditava que seguiria o mesmo percurso do pai, até que este morrera numa noite em que saíra para fazer a entrega dos móveis para um cliente. Infarto fulminante enquanto os retirava da camionete e os levava para dentro de um galpão. Percebeu então que não queria uma vida prensada entre os minutos do dia, como a que seu pai levava, construindo móveis de madeira e fazendo entregas a qualquer hora do dia ou da noite, sem horário para almoçar, sem tempo definido para coisa alguma. É assim que eu junto dinheiro pra te mandar pra cidade em busca de uma vida menos sofrida que a nossa, meu filho. No enterro, viu deitado no caixão o homem que ele sempre imaginava como sendo um velho, assim transformado para o seu olhar pelo calejar dos dias, já que ele morrera prestes a completar apenas 46 anos.

Com a morte do pai seu destino se tornou a aldeia e o cuidado com a mãe, transmutada em uma mulher doente, de respiração dura e difícil, como se fosse ela que tivesse aspirado o pó da madeira da carpintaria do marido todos aqueles anos. Abandonou a si mesmo em detrimento do amor que sentia pela mãe. Quanto mais ela durasse, mais chance ele teria de nunca encontrar uma esposa, porque as mulheres da aldeia eram mandadas embora pelos pais entre os quinze e os dezoito anos, ou eram desposadas por homens que vinham até eles oferecer um dote. E como cuidasse muito bem da mulher que o gerara e lhe dera a chance de enxergar a luz do mundo, ia abdicando do sonho de tornar-se marido e ter filhos.

A esperança era a igreja, para onde ia pedir pela saúde da mãe e agradecer por continuar conseguindo se sustentar e adquirir recursos com o que tinha: um rebanho de carneiros e ovelhas, criados no vasto pasto solto ao pé de montanhas, onde o verde se sustentava como força divina. Vendia a carne e o leite, fazia queijos, e assim iam vivendo. Entre uma fala e outra do padre, Mariano olhava para os lados, queria ver se também havia olhos querendo se juntar num mesmo olhar. Quando havia, geralmente eram de mulheres bem mais velhas ou casadas, e ele não tinha interesse nelas. De celibato cerrado exceto nos momentos de paixão solitária, guardava para si, sem mágoas, o que considerava sua sina.

Então, a mãe morreu.

Escolheu para morrer de manhã, como se para que ele a visse sem fôlego, corpo todo arroxeando pela falta de ar, de modo a que não houvesse dúvidas que era dali para o enterro, estava entregue a carta de alforria.

Mas liberdade não é documento que se dê como garantia de dias de alegria. Que adiantava a mãe morta e não ter para onde ir, ainda mais um homem que não reconhece letra? Sua vida era tão entranhada àquele lugar que sua saída só se daria para o mesmo lugar onde se encontravam seus pais. Pelo menos agora poderia pegar a camionete e passear pelas cidades vizinhas. Olinópolis e Henakandaya eram as mais próximas, e passou a gostar de visitá-las. Fez amigos de bar e em lugares mais mundanos, sem nunca se distanciar de seu ideal de amor. Queria para si a mulher que quisesse vir com ele, desde que houvesse reciprocidade, palavra que ele desconhecia, mas cujo verbete guardava dentro de si como se fosse ele mesmo o criador do sentimento.

Foi quando aconteceu o acidente.

A chuva que o fizera fechar janelas e portas açoitou sua casa como só o lobo da fábula infantil parecia ser capaz de fazer. Tudo estremecia, aparentemente prestes a esmorecer diante de um vento que sibilou durante um breve intervalo e depois ganhou força, disposto a urrar. Mariano Sereno teve medo. Chuvas, tinham sempre, mas não daquela forma. Correu para o tempo aberto, era preciso colocar o rebanho dentro do galpão, e assim ele o fez, antes que algum raio lhe ceifasse um ou mais dos bichos que lhe custavam tanto criar.

Ao longe, ouviu o movimento de moradores das cercanias. Motos e camionetas saíam da inércia, talvez para levar as pessoas para um lugar seguro. Fizeram escutar um grito que lhe chamava, Sereno, corre aqui!

Ele foi, e não demorou a descobrir o que havia acontecido. Caíra uma ponte mais ao norte, bem na hora que um ônibus repleto de homens e mulheres que haviam ido passar o sábado e o domingo num passeio às fazendas onde vinículas fartavam o paladar, ao lado de uma plantação de alfazemas que se perdiam no olhar, transformando a cor da dor em perplexidade, ainda mais porque precisavam de sol para existir e parecia que só ali ele vinha com frequência.

O rio era profundo, e o ônibus sumiu dentro das águas. Nem a chuva, que não parou naquele domingo, fez o veículo reaparecer. Em um relâmpago toda a gente já parecia saber do que acontecera. Se ao chover a imagem dos televisores desaparecia e os rádios emudeciam, a ação por ver ocorria do lado de fora, como a vida, e todos se reuniam na esperança de que ela ainda existisse, deixando suas casas sem medo, a violência máxima que podiam presenciar por ali era aquela que não podiam conter e que agora testemunhavam, tornando tudo símbolo de tragédia.

Mariano não acreditava que vidas aceitassem destino de sono eterno assim, sem luta, sem tribulação. O que houve com essas pessoas, que não reagiram?, perguntou a ninguém em particular. Despencaram dentro de um rio, Mariano, imagine um rio caindo dentro de você, que foi o que aconteceu. Nem todo mundo consegue acordar braços e pernas para a luta, disse um homem fazendo uso da razão. Mas Mariano não acreditava naquilo. Corria a notícia de que eram 39 pessoas dentro do ônibus, alguém conseguira a informação ao ligar do posto da empresa de telefonia para a capital, de onde vinham todos. Não aceitava que aquelas pessoas estivessem reunidas ali em torno de um velório antecipado. Foi com essa indignação que Mariano desceu as pedras rumo ao rio, os pingos grossos batendo-lhe na cabeça: não era homem de esperar porque já esperara demais nessa vida. Quando desapareceu sob as águas alguém disse, Agora são quarenta, e levou uma mão pesada à boca, provavelmente da mãe, compadecida com o que via como a lhe dizer que aquilo não eram horas para gracejo. Era só uma criança, que fizera seu cálculo baseado na observação e soltara o comentário, mas a dor na boca era grande e ela correu para dentro de casa, chorando a chuva que lhe banhava o corpo: não se aguenta viver em público um pesadelo particular.

Mal terminou a cena familiar e Mariano retornou à superfície, Há uma esperança!, disse ele, antes de afundar novamente. As águas se revolviam como se mulheres gigantes lavassem no rio enormes lençóis. Não estavam menos agitadas quando Mariano surgiu novamente, parecendo trazer de um plúvio reino de Hades uma outra pessoa colada a si. Vestes brancas agarradas ao corpo, transformando pureza em chumbo. Mas conseguiu, com a ajuda de outras pessoas, levá-la até a beira do rio. Braços se multiplicaram no objetivo de colocá-la dentro de uma camionete e levá-la ao hospital de Olinópolis, que era a cidade mais perto. Mariano não quis saber de quem era o veículo. Viu a chave na ignição e correu para onde sabia que tinha de ir. Desta vez – intuía – não era por querer para si o papel de cuidar do mundo.

Carregava ao seu lado a realização de um sonho.

No hospital, soube que a mulher se chamava Conceição e que respirava. Mais não poderia saber, ainda que na posição de acompanhante e salvador da mulher que desaparecera por trás de umas quantas paredes para receber cuidados: não havia o que dizer. Os médicos disseram o de praxe, que as horas seguintes seriam cruciais.

Àquela hora à noite já queria se transformar novamente em dia e a chuva agora era um choro sereno. Pela manhã, as pessoas começaram a voltar para o rio, a ver com mais clareza o que sobrara da ponte e se alguma outra mágica acontecera. Na ausência de mágica ou milagre, as pessoas começaram a se reunir à beira do rio em grupos sentados sobre toalhas fazendo piqueniques, com a intenção de quem sabe ver se entre um sanduíche e um copo de suco conseguiam detectar um corpo inchado a boiar. Em casa, antes de saírem para os encontros, os moradores oravam a seus santos de predileção para que alcançassem a graça de avistar algum corpo, porque não há nada mais triste que um funeral sem defuntos.

Mariano ia sabendo que houve quem formasse casal ali, pelos encontros de vigília, e era com isso que desdizia quem afirmasse que só um milagre se fizera e que as pessoas queriam demais das divindades. O seu tinha até nome: Conceição. A Conceição que então dormia, mas viva. De dentro do rio, no entanto, nada mais se multiplicara. Ao final de mais uma semana somente doze corpos foram encontrados e os bombeiros vindos de Olinópolis e Henakandaya deram por encerradas as operações.

A partir dali estava encaminhada a sua certeza: era ela a mulher que a vida trouxera para si, ainda que ela nunca acordasse. Viveria como um príncipe sem beijo soberano. Perguntaram-lhe E se ela acordar e não tiver simpatia por ti? E se ela acordar e for de viver plantada numa cama, como tua mãe? E se ela acordar e você souber que ela é casada? Não queria fabricar respostas, porque amar é risco, e quando se caminha à beira de um abismo só se pode desejar estar sóbrio, algo que Mariano Sereno tinha consciência de que não era seu caso. Não para os outros, que nunca lhe importaram, tanto que era todo ele um templo sob ruínas, tão envolto em escombros que não se chegava a si. Nem ele próprio, e até ali, ninguém. Exceto Conceição, quando despertasse. Estava certo de que haveria entre os dois o significado da palavra que ele não conhecia. Mas uma dúvida sumiu pelo ar quando ele soube que Conceição também nunca fora casada. Um familiar fora localizado do outro lado do país. Havia tomado conhecimento da tragédia pela televisão, mas não tinha condições de se deslocar até onde ela estava. Se morrer, morrerá à míngua, disse uma enfermeira, ignorando que até ali Mariano sofrera de um amorzinho indigente, mas com motivações nobres.

Casais feitos à beira do rio prolongavam seus dias ou se desmanchavam, taciturnos, e Conceição dormia. Até que também num domingo, quando mais de dois meses se somavam, ela acordou para outro sono: Conceição era muda. Se agora estava desperta, atenta, relativamente orientada, era incapaz de se fazer ouvir uma voz que não tinha. Mariano a alimentava, dava-lhe banho quando as enfermeiras precisavam se ausentar, e um dia conseguiu autorização para levá-la para casa. Havia feito reparo em tudo, mudara a decoração, comprara um novo colchão e colchas de cama – não queria que Conceição sentisse no que sua mãe deixara o travo da morte. Ela se comunicava fazendo sons, que aos poucos Mariano Sereno foi compreendendo melhor, e com gestos de cabeça, que ele nunca tivera dificuldade para compreender.

Mais alguns dias, e o inevitável aconteceu. Com um gesto utilizando-se das mãos, Conceição virou para cima a palma da mão esquerda e, com a direita, fechou o punho e fez o movimento de quem escrevia sobre papel. Aos prantos, explicou-lhe que não tinha sentido lhe dar papel e caneta, objetos que sequer possuía dentro daquela casa, onde também não havia livros, nem bulas de remédio, nem jornais. Com os olhos, a pergunta, *Você* não sabe ler? Vou aprender, ele disse. Se o jeito de te ouvir é pela palavra riscada, vou encontrar um jeito de entender a sua voz.

Naquela noite, sonhou com o tempo em que era criança, dentro de uma sala de aula agarrado a gizes coloridos, a boca tão cheia de saliva como se deles fosse se alimentar. E iria, de tantas maneiras. Exceto que ele nunca havia estado em uma sala de aula. Repousava dentro de si ele mesmo, um outro.

O potencial do amor é a casa da vontade. E vontade é tudo aquilo que impulsiona a transformação, concluía Mariano, do jeito que lhe chegavam as ideias. Desde aquela chuva, vieram tantas outras. Eu aprendi a ler para que pudesse aprender a lhe ouvir, Ceiça, falou para ela, quase em silêncio. Ela sorriu e escreveu no papel, *Ainda bem que você gostou da minha voz quando finalmente pôde ouvi-la.*

Abraçaram-se. Mariano pensava muitas vezes que se não fosse aquela catástrofe, ainda estaria pela vida com lupa na mão, a procurar o invisível, longe dos territórios de um amor rabiscadinho, como o que faziam e desejavam para si. A intimidade se perfaz no silêncio.

Nunca esquecer que tudo tem o seu propósito.

Pássaro que sobrevoa a dor

Aprendi cedo a andar de ônibus porque minha mãe trabalhava o dia todo e não tinha quem me levasse pra escola. Dureza era ter que sair de casa bem mais cedo, porque morávamos no fim da rua e a parada de ônibus ficava na avenida, uns sete ou oito quarteirões adiante. Mas como não havia escolha, eu colocava a mochila nas costas e caminhava sobre as pedras de calçamento, pelo cantinho, mesmo morando numa rua quase sem trânsito.

Na volta, eu já sabia o que me esperava. Todos os dias, sem faltar, eu ouvia uma mulher dizer da janela, Ô menino bonito, meu Deus!, sempre com um sorriso a enlarguecer seus lábios. Eu dava um sorriso amarelo, acho que por pena, mesmo. Era uma senhora de seus quase cinquenta anos e eu não queria que ela se sentisse ignorada.

Foi assim durante três anos. Quando eu já contava 14, ela se aproximou da janela e disse, Vem cá. Eu fui, meio sem querer. De perto eu já consigo ver o quanto você mudou, disse assim que me viu à distância de um toque. Agora tem um bigodinho ralo, esticou... Está cada vez mais parecido com o Edmundo, meu finado marido. Não quer entrar pra almoçar? Não posso, senhora. Tenho que almoçar em casa. Ah, mas é rapidinho, só pra gente conversar um pouco. Pelo olhar dela, vi que não adiantava dizer que se minha mãe ligasse em casa e eu não estivesse, ia se preocupar, que se descobrisse que eu havia almoçado na casa de estranhos ia levar uma tremenda sova... Nada demoveria a mulher do seu intento. Me apiedei.

No começo eu comi em silêncio. Que ela resolveu quebrar em poucos minutos, Vai comer da minha comida e não vai dizer seu nome? Daniel, respondi, olhando para o prato. O meu é Amália, ela disse, com os olhos em mim. Quando você terminar, quero lhe mostrar umas coisas.

    Assim que me levantei ela me pegou pela mão e me levou para uma poltrona perto de uma escada. Sente aí, falou, e desapareceu. Quando ressurgiu, trazia um álbum nas mãos. Passou vários minutos mostrando fotos dela e do marido. Eu parecia mesmo com ele. Ficou muito claro para mim, mesmo aos 14 anos, a saudade que ela sentia dele. Desabafou como se estivesse conversando com ele em criança, momento que se traduziu em minhas memórias daquele tempo como algo insólito. Estranho estar no lugar do outro que já morreu. Mas naquele momento eu ainda não entendia assim. Já estava me impacientando para ir embora quando vi Lalá, uma gata rajada que estava com ela desde quando o marido ainda existia. Passei a mão nela, e a gata se enroscou nos meus dedos, querendo mais carinho. Aquele barulho incrível do ronronado me pedindo pra ficar. E eu fui ficando. Tomado do que hoje reconheço como vontade de estar ali, disse a Amália que se eu fosse ficar além daquele tempo, precisava ligar para casa. Ela apontou para onde estava o telefone. Disse que ia demorar a chegar porque estava terminando um trabalho em grupo na casa de um colega, mas logo mais estaria lá. Àquele dia, não me demorei mais tanto. Mas a partir do instante em que conheci Lalá e passei a ouvir as histórias de Amália com mais leveza, ao longo de uma tarde adquiri respeito por aquela mulher e sua história. Entendi também que iria fazer muitos outros trabalhos em grupo nos próximos tempos.

    O beijo veio com uma tal naturalidade da qual não guardo lembrança no contato com nenhuma outra mulher que veio depois dela. Foi após o almoço, eu ainda com restos de comida entre os dentes, e Amália se chegando e abrindo minha boca com uma língua a um só tempo gentil e invasora, como água que quebra secas barragens. Bem ali eu me tornava homem, como nunca antes pensei que seria possível, porque jamais imaginei metamorfosear-me daquela maneira, a inesquecível.

Gostava de descobrir o sexo no corpo daquela mulher que me engolfava nos elogiosos méritos do prazer. Passei a chamá-la Dona Amália, por brincadeira. Ela reclamava, Dona não, assim você me torna velha. E eu só ria, porque de forma alguma me importava. Toda a feiura que pode haver na velhice não encontrava espaço na mulher que ela era para mim. Para mim ela se tornara divina, e o espectro que a cobria me enchia de libido e paz, que eu entregava a ela em jorros de alegria. Vivia um amor bonito. Sentia em mim um amor diferente do que tinha por qualquer outra mulher ou ser vivo. Me dei conta disso acariciando Lalá. Não existia amor igual no mundo. O amor que eu tinha por aquela gata era único em sua infinita complexidade, como era o que eu sentia pela mulher que me catapultara para uma outra esfera dentro de mim mesmo. Onde eu sequer conseguia almejar alcançar, era lá onde estava. E assim os amores coexistiam em mim, entrelaçados.

Como todo casal, tínhamos as nossas rusgas. Às vezes, em certos ímpetos de insegurança, eu a acusava de só estar comigo pela semelhança com o marido. Ela se calava, como se eu a afrontasse, e ficava diante de mim muito séria e ereta, como se segurasse uma espada fincada no chão aos seus pés, guerreira sem escudo que sempre foi. Mesmo assim eu berrava, escancarando meus ciúmes e regurgitando detritos. Ela por vezes agia como se quisesse ser dona dos meus passos. Um dia sem ir a sua casa era, para Amália, sinônimo de desamor ou má-vontade. E por isso me beijava menos, jogava água nas minhas fogueiras, e eu me tornava um suave moribundo por debaixo dos lençóis de sua cama, me contorcendo como Lalá, a pedir afagos.

Com ela, porém, eu me sentia como uma fortaleza à beira de mares revoltos, sofrendo com as intempéries que vinham de toda parte, em instantes inesperados. Descobri que era mesmo quando encontrei, na minha mochila, um bilhete com letra feminina e uma pergunta, O que sua mãe acharia se soubesse? Corri para os braços de Amália com medo, por dentro aos soluços, mas bravio, porque eu entendia que era preciso ser quem eu me tornara, e aquele era um momento que não admitia fragilidades. Ela disse que eu não temesse, que se acontecesse, encararíamos. Ter nos colocado a ambos na trajetória daquela bala perdida me deu um alento momentâneo.

Algumas semanas se passaram em silêncio, até que um outro bilhete apareceu. Nele, havia um número de telefone e um horário para que eu ligasse, e a ameaça: Você pode ligar para esse número, neste horário, nos próximos três dias. Se ao final desse prazo eu não receber nenhuma ligação, vou até a sua casa – e lá estava exatamente meu endereço, detalhado. Comprei umas fichas e fui para um orelhão mais escondido, alguns minutos antes do horário determinado no bilhete. Do outro lado, atendeu uma voz de menina que disse, Venha para a minha casa agora.

Descobri em Carol que eu tinha tesão em fazer sexo em situações-limite e em falar palavrão. Sobretudo, descobri que a menina que estudara comigo na mesma escola a vida inteira me desejava desde que despertara para as possibilidades da libido. Àquela altura a raiva já tinha virado prazer, mesmo assim eu insistia em perguntar, Como você soube? Ela nunca me dizia, mas falava, enigmaticamente, que se um dia eu quisesse mesmo saber teria um preço a pagar.

Irrefletidamente, topei pagar o preço da curiosidade. Disse a ela, depois de uma hora de sexo, Eu quero saber. Combinamos de nos encontrar novamente no dia seguinte. O endereço: uma casa praticamente na frente da casa de Amália. Logo compreendi que Carol se envolvia com gente das mais variadas características. Ela vinha fazendo sexo com esse cara, que um dia comentou com ela que um rapaz que usava o mesmo uniforme da escola dela andava fudendo uma velha que era vizinha dele. Foi quando ela viu a oportunidade de dar pra mim também – palavras dela – o que vinha acontecendo sistematicamente, todas as semanas, a partir do bilhete com a ameaça.

Quando chegamos lá, entrei antes que Amália pudesse me ver. O cara veio até mim e disse, Agora somos dois sabendo o que se passa naquela casa. Se você não quiser essa história em todo lugar, vai ter que fazer comigo a mesma caridade que você faz comendo a velha. Quero você de joelhos agora, me chupando. Eu olhei para Carol, incrédulo. Ela disse, E eu vou ficar sentada aqui, só olhando. Sempre quis ver uma putariazinha entre dois machos. Safada filha da puta, já tinham tudo combinado.

Pensei em Amália, nos meus pais e até em Lalá. Eu não tinha como antever a reação da minha mãe, mas supondo que fosse ruim, eu ainda era menor de idade, Amália poderia ter que responder na justiça. Se isso acontecesse, o que seria da gata Lalá? Compreendi que não poderia colocar nada em risco. Tirei minha camisa e fiquei na frente do amante de Carol, que já tinha colocado o pau pra fora, duríssimo. Chupei até ele gozar no meu peito. Enquanto eu me limpava, pensei, Amor mesmo, só o que eu tenho por Amália. O resto é diversão ou pesadelo.

O problema estava em não me livrar nem de uma coisa, nem de outra. Ao me aproximar perigosamente dos 18 anos eu já deixara a ingenuidade para trás há muito. E a verdade é que comecei a gostar das possibilidades, ainda que me ativesse ao sentimento que nutria por Amália. Por diversão, mergulhei no mundo de Carol e Beto, o cara que eu chupei, e acabei refém não apenas da minha situação com Amália, como dos meus muitos e destrutivos pactos sexuais.

É claro que Amália, sabendo-me cada dia mais travesso nas condutas carnais, e tendo a clara dimensão do jovem homem viril que extrapolava as minhas próprias rédeas, certamente inferia que eu não era mais apenas dos seus lençóis, mas nunca disse qualquer palavra. Eu, ao contrário, é que um dia, cansado, disse apenas, Vamos embora daqui, Dona Amália. Dessa cidade, dessas pessoas. Eu não aguento mais viver essa vida, disse, olhando para o chão. Não detalhei a que vida eu me referia. Amália sabiamente não perguntou. E pra onde iríamos, Daniel? Não sei. Podemos planejar, anoitecer juntos, amanhecermos atados, longe daqui. Ela sentou-se na cama e colocou minhas duas mãos entre as delas. Quando falou disse palavras duras, que demonstravam não apenas sua racionalidade diante daquele amor, como deixavam claro o seu medo, Escute, meu amado: você só tem 17 anos. Para a justiça, eu sou uma corruptora de menor, e não a sua bem-amada. Eu sou uma mulher de 51 anos. Posso ser julgada, condenada e presa por ter você comigo. Além do mais, minha vida é aqui, a casa que me pertence, a única coisa que possuo, fica neste lugar. Você é só uma criança, Daniel, e não entende. Uma criança que se fez homem, mas ainda assim, um menino.

Saí de sua casa como nunca antes: aos prantos. Eu não era um menino, era um homem sem medo nem vontade de esconder suas fragilidades. Entrei em meu quarto disposto a esquecê-la. Mas não consegui. Nem no dia seguinte, nem na semana seguinte. Contra isso, larguei tudo, esqueci Carol, Beto e toda a mixórdia que os envolvia, além das muitas noites nas camas alheias porque passei. Mas então já era Amália que me rejeitava. Quando eu a visitava, compreendia-a distante, o olhar passeando solto por outros pensamentos, presa em gestos anêmicos. E como não queria mais a vida de promiscuidade a qual pertencera até ali, sua presença ausente me enfraquecia. Comecei a namorar como uma saída inevitável.

Nunca cheguei a amar Rebeca, que se tornou completamente esquecível com o passar dos anos. Naquele momento da minha vida, porém, existia para mim como a única tábua possível a qual me agarrar. Nunca deixei de passar na frente da casa de Amália, com a esperança de que ela me chamasse para perto da janela, como havia feito tanto tempo antes, no que agora parecia tão distante de mim. Só que agora ela vivia fechada.

Certo de que não adiantava estar com Rebeca, fui me distanciando dela paulatinamente, como quem se deixa ir vencendo por uma força inominável. No dia em que tive coragem de terminar o namoro, voltei a ser o garoto de 14 anos ternamente amado por Amália. Estava resolvido a ir até sua casa e insistir para que ela abrisse a porta, não importava se a vizinhança falasse, se as pessoas comentassem. Dali a menos de dois meses eu teria 18 anos, e se Dona Amália quisesse e acreditasse, os dias porvir seriam povoados pelos nossos elos, como foram dias de antes, hoje entalhados na casca da árvore que eu era.

Corri na porta e bati, olhei pelas frestas das janelas, mas era impossível enxergar o que quer que fosse. Nenhum som vinha de dentro – nem arrumação de casa, nem som de panelas no fogão. De dentro da casa, apenas pássaros adormecidos. Teria ela ido embora, corrido de mim para não mais me ver? Lembrei-me de suas palavras sobre eu ser um menino e o medo de ser presa. Ainda hoje acho que ela falou nisso de prisão para esconder uma verdade clara: embora eu parecesse com seu marido Edmundo, eu não era ele. Ao longo dos anos em que estivemos unidos, ela nunca se desfez de porta-retratos, nem de objetos de uso pessoal do marido morto, que guardava como pequenos regalos a aquecer-lhe a memória. Era como se o gesto dissesse a si mesma, Fujo de tudo, mas não ousarei fugir da lembrança de ti. A morte dele representou o mais abjeto desamparo. Arriscar a ganhar o mundo com um garoto de 16, 17 anos, não traria de volta sua juventude, muito menos quem ela realmente queria ao seu lado: o marido, que saltara primeiro no abismo.

Só quando passei pela lateral da casa, de modo a ir até a janela dos fundos que por estar distante há tanto tempo eu nem lembrava mais que existia, foi que vi, de um susto, um vulto ao meu lado. Dentro da casa, o corpo de Dona Amália pendurado por uma corda, ao lado de uma cadeira de vime virada de lado no chão. Entendi então que, embora rejeitasse aquele sentimento, não suportara os flagelos de mais um abandono. Renunciar ao que tivemos foi uma maneira de abandonar a si mesma, e isso era um fardo pesado demais para ela, que sem saber entregou-o a mim, fazendo o pássaro da esperança que cantava em meu peito voar para longe.

O rio que corre para dentro do mar

Tendo perdido uma irmã para as águas do mar, Eneida nunca deixara o próprio filho enxergá-lo. Por vingança dos deuses, quis o destino que o menino fosse possuidor de sonhos navegantes, que pouco a pouco perdiam a fluidez para se tornarem tangíveis, ainda que o escopo do oceano seja tão gigante quanto sua diversidade.

Caíra no desligamento do toque das mãos quando não suportou mais segurar o que seus dedos – naquele instante, pequenas garras – conseguiam agarrar do corpo da irmã, que se debatia sobre e dentro das ondas, até bem pouco tempo tão lisonjeiras, agora uma aparente tempestade, de tanto que não conseguiam ver nem ouvir coisa alguma. Na beira da praia a mãe gritava pelas crianças, enquanto segurava o braço do marido como se dissesse Não vá, que ao invés de uma ou duas, perderei dois ou três. Os olhos involuntariamente banhados não permitiam que vissem coisa alguma com clareza, em comunhão com os olhos das meninas dentro da água, que também não autorizavam nada, com tanta água indo e vindo de toda parte. Embora as ondas quebrassem e o mar agitado retumbasse, estavam todos surdos. Num último gesto, Ananda encheu-se de uma serenidade como se pairasse sobre as águas, e afastou-se do corpo da irmã: queria ir sozinha e parecia ter entendido que a levaria consigo se persistisse na ideia de não morrer. Volte, disse para a irmã, antes de mergulhar para nunca mais ser encontrada. Eneida conseguiu bater braços e pernas até que um homem numa prancha a puxou para junto de si, e desse jeito nadaram até a areia.

Para sempre seria só, disse a si mesma a vida inteira, quando deveria ter uma irmã ao lado de quem veria a vida florescer, vivificada. Agora, nada. Nada pela vida, ao grande largo de si mesma. À deriva. Quando Jonas nasceu, tomou a decisão, comunicada ao marido, Ele não verá o mar. O marido, construtor da jangada que a levou para perto e junto de si, não tomou posição contrária. Sabia de tudo, assim seria até que o filho quisesse encontrar sua própria baleia, contemplar, de braços abertos, a enormidade só encontrada no litoral. Adentrar em águas salgadas seria sua decisão, e só dele, quando tivesse sabedoria para fazê-lo; até esse dia chegar, prevaleceria o desejo da mãe.

...que via o filho brincar com a água como se envolto na segurança do líquido amniótico, que o observava cavar buracos no quintal e enchê-los de água, dizendo que era ali que criaria seus peixes, mordendo fruta madura e vendo o líquido escorrer por sua boca e queixo com um prazer quase libidinoso. Foi esse menino que ela viu crescer sem nunca deixá-lo transbordar para dentro do seu elemento. Ele era seguro ali.

Seguro, sem dúvida, mas labirintizado, porque não via o mar, mas sabia-o dentro de si. Sua claustrofobia era ser preso a si mesmo, era como entendia sua condição, apesar de não ter idade para colocá-la ainda em palavras. As coisas ganharam sinuosidade quando as mães organizaram uma excursão para a praia, nas férias. Jonas não vai, disse Eneida secamente no grupo de WhatsApp no qual foi inserida sem sequer ser perguntada antes. Tentaram dissuadi-la. Prometeram que ele não seria levado para perto do mar, que outras mães estariam cuidando dele, todo tipo de promessa fizeram. A solução de Eneida foi sair do grupo e pedir para não ser contactada até que todas as crianças voltassem do tal passeio.

No colégio, Jonas foi inquirido pelos colegas a respeito da proibição, e ele contou, pulando a parte dos medos e da morte, que a mãe tinha graves problemas com o mar e suas águas de puxar vida.

As fotos que viu no recreio, nos celulares dos amigos, só fizeram aumentar em Jonas a angústia do deserto que o abarcava. A semente que vinha sendo levada pelo vento parou dentro do seu algodão molhado. Era chegada a hora.

No dia seguinte, Jonas fugiu de casa para encontrar-se com o mar. Caminhou por tantas ruas quanto suas duas pernas conseguiram levá-lo. Ao final da tarde, decidiu perguntar, Aqui está longe do mar?, inquiriu a um senhor que passava. Não muito, o homem respondeu. Mas não dá pra ir andando. O senhor pode me levar até lá? O homem fez uma cara de surpresa. Onde estão os seus pais, mocinho? Jonas insistiu, Eu preciso saber o caminho. O caminho que você precisa encontrar é o de casa, criança. Não se pode ficar por aí à toa por tanto tempo. Senhor, entenda: eu saí de casa porque não me deixam contemplar o mar. Eu só quero ver aquela água toda que eu só vi em fotos e nos filmes. O homem tateou o bolso da camisa e tirou duas cédulas de dez reais. Escute, filho, eu não posso obrigá-lo a nada, mas tome isso aqui, vá comer alguma coisa e depois procure o rumo de casa.

Assim Jonas [não] fez. Porque casa para ele era adubo, cheiro de terra molhada, nunca sertão, ou a aridez da solidão. Se ia para casa, o caminho era a areia molhada com a espuma do mar. De tanto perguntar, seguiu a trajetória de um rio ao encontro inevitável. Era dele ser mais que o que queriam de si. Não existem grilhões para uma alma transgressora. Há dias vinha tendo sonhos serenos com sereias, e queria encontrá-las. O instinto era seu canto de levar a elas.

Foi quando a noite tocou o mar que almas antigas deram de se encontrar. Ao longe, Jonas avistou uma fogueira que terminava de queimar. Não havia ninguém por perto. Mas era tanta água, o vento cantando era de uma graciosidade tão sutil, que ele sabia que não estava sozinho. Sua roupa se sacudia em seu corpo, querendo sair de cima dele. O rastro trêmulo da luz da lua o guiou em direção ao contato com a onda que quebrava na ponta dos dedos dos seus pés. Jonas exultava. Era de uma tal felicidade que se debatia, como genuíno peixe retirado de seu elemento. Em seu caso, entretanto, para dentro de si corria a vida. Se fosse de entender o estado do seu ânimo, a dimensão do que poderia atingir, vida ainda mais breve teria fora d'água, onde o prazer da sombra não se igualaria nunca ao contentamento de ser encoberto pelas águas do mar.

Ouviu o som do chamado vindo de dentro das ondas bem à sua frente, sedutor. Não temia, nunca temeria. A mulher colocou a cabeça pra fora da água e o chamou. Seu rabo bateu por sobre as ondas e dizia, Vem. Era de uma fascinante beleza, mas não era isso que importava. O que o envolvia era a vontade, companheira de quem se permite saber quem é. Caminhou em direção à mulher banhada pela noite e, a cada passo, via seu corpo mudar. Quando a água já lhe cobria a cintura, sentiu que podia balançar o mesmo rabo que a mulher trazia consigo, e quando mergulhou, Jonas não era uma criança em busca dos seus ancestrais aquáticos; era, ele próprio, toda a sua ancestralidade carregada através dos tempos, entregue e contido em sua própria matéria-prima, enfim.

Souberam que Jonas havia perguntado a tanta gente como chegar ao mar, que a mãe não teve outro jeito a não ser conceber dentro de si a certeza de que seu filho havia nele se tornado. Chorou sua ausência apenas o tempo suficiente para compreendê-la. Não se demorou. Passou a ir à praia com frequência, e quando via o mar, contemplado com tão imenso carinho, compreendia que seu filho era enorme, era lindo, e agora era também eterno.

A ambição que cabe em cada lugar

Nunca se soube ao certo o nome verdadeiro do Caramba. Uns diziam que era Antônio Carlos, outros, que ele na verdade se chamava Raimundo ou Joaquim, mas sempre que alguém de fora perguntava quem era aquele homem magro e moreno que vivia a andar agarrado a uma garrafa de cachaça, o único vocativo que surgia era o que levou até o dia de sua morte, um nome que era quase uma interjeição, marca de sua própria vida.

Caramba chegara a Henakandaya vindo de remetente ignorado. Trazia junto a si um cachorro que o acompanhava de perto e um gato numa sacola, que ele havia recolhido em algum ponto do caminho na tentativa de salvá-lo da morte na beira da estrada. O gato ele tratou de soltar nos matos assim que pensou ter encontrado um lugar a salvo para ele. Já o cachorro não quis deixá-lo, e foi ficando, ficando, até que ele resolveu admitir que eram um do outro e deu a ele um nome: Desencantado. Dizia a si e aos demais que o cão uniu as pontas soltas dentro de si, e que tirar o animal do mundo dos perdidos foi uma forma de lidar com coisas que carregava no próprio peito e nem sabia. Daquelas dores ele estava livre.

Como não tinha onde morar, ia se deixando debaixo de vigas e toldos junto com Desencantado. Debaixo de árvores ficava menos tempo, essas eram moradas dos pássaros, e durante a noite eles faziam questão de lembrá-lo disso. Àquela altura ainda não tinha a confiança de ninguém, tomar banho era tão difícil que ele até se esquecia onde tinha que esfregar quando finalmente conseguia arranjar um lugar para tomar um. Mas aos poucos a qualidade dos seus préstimos serviu para que fizesse amigos. Lavava carros, ajeitava jardins, consertava telhados, resolvia pequenos problemas dentro das casas. E foi por causa dessas atividades que conheceu Candice, a mulher que deu a ele não apenas uma casa, mas um lar. Dez meses depois de chegar à cidade já não se sentia mais um expatriado. Tinha ao lado de Candice uma alegria essencial, dessas que também são donas de urgências e vontades de para sempre. Por causa da esposa conheceu um emprego que não o submetesse a tantas atividades diferentes. Foi trabalhar como contínuo no cartório de Bosco, e alguns meses depois já era dos que atendiam no balcão. As pessoas passaram a desenvolver um carinho natural por ele, um bem-querer que não precisava de explicação; até porque, passado todo esse tempo, Caramba se recusava a conversar sobre o seu passado. Dizia apenas que chegara a Henakandaya a pé, arrastando uma chinela de cabresto quebrado e que tinha orgulho em poder dizer que sairia dela de sapatos, dentro de um caixão. Além do mais, acrescentava para quem quisesse ouvir, felicidade não tem CEP. De onde eu vim não interessa se quem eu quero ser sendo quem sou eu consigo. Queria dizer com isso que havia conquistado para si o seu punhado de dignidade e dela não abriria mão. Nem de sua austera personalidade inconspícua.

Aos finais de semana, Candice se encontrava com outras mulheres à beira do rio para lavar as roupas acumuladas da semana. Era quando se reuniam amigas de diversas partes da cidade, sabendo que ficariam juntas até que colocassem todas as conversas em dia, o que em geral era tarefa para uma manhã inteira. Quem olhasse de longe veria um monte de mulheres organizadamente lado a lado, esfregando roupas de cores diversas e mergulhando-as sob águas correntes até que se dessem por satisfeitas.

No sábado que seria seu último dia de vida, Candice acordou sorridente e foi depressa recolher as roupas que levaria para a beira do rio. Olhou para o céu e disse a si mesma que o sol não estava tão forte, ia ser difícil ver roupa secar. O melhor daquele trabalho era o encontro, e ela nunca fora mulher de dizer não a uma boa conversa. Já passava das dez da manhã quando, entre uma esfregação e outra, Candice, acocorada como estava, simplesmente caiu para frente como um tronco, o rosto batendo com força nas águas rasas daquela parte do rio. As mulheres todas se agitaram em gritos de socorro. Foi Maria Amélia quem a retirou da água, morta, vítima de um mal súbito, que leva para o lado de lá felizes e infelizes.

Caramba não era ele no velório da esposa. Era de um tal deslocamento que sequer parecia estar ali. Ao seu lado, o cão Desencantado, que de vez em quando olhava para ele como quem sabe que um olhar também é mão que acaricia. Voltamos para onde estávamos, Desencantado. Pedra bruta, sonho sem sono, toldo, viga, merda de passarinho sob as árvores em noites inquietas. Voltamos ao chão: nossa Candice se foi, Desencantado.

Foi do velório para o bar, onde comprou sua primeira garrafa de cachaça. Dali em diante seriam companheiros inequívocos. Era através do álcool que Caramba exercia o esquecimento de sua Candice. Com a mente entorpecida achava novamente que era uma coisa que desejava ser desde criança: livre. Se antes tinha a liberdade de levar uma existência a dois, agora tinha o desprendimento com o mundo, necessário para viver tempos de solidão não desejada.

Silvinha apiedou-se de Caramba ao vê-lo ir trabalhar amuado. O homem que não tinha passado estava irrefletido no presente desde que a esposa morrera, era nada mais do que uma articulação de palavras saindo da boca de um moribundo. Causava nela uma espécie de tormento ver um colega transformar-se daquele jeito. E foi ao aproximar-se conscientemente dele que ela diminuiu os passos entre a solidão e o ágape. Não que Caramba se sentisse pronto para voltar às rédeas amorosas. Mas é no emaranhado dos dias que ocorrem as mais surpreendentes descobertas, e ele estava em vias de fazer várias.

A primeira delas era descobrir que poderia voltar a se apaixonar e desejar uma mulher. E foi assim que começaram a namorar, ignorando completamente os comentários que ainda reverberavam sobre o final de uma guerra que durara tantos anos. Bem sabia ele que sua mente era constante território em conflito: acostumara-se a nunca viver dias de paz, ainda que estivesse aparentemente bem. Continuaria a enxergar dentro de si o clarão das bombas.

O segundo casamento de Caramba também terminou em desastre, ainda que não por fatalidade, e quando finalmente acabou, ele entendeu que já sabia desde o início. Não compreendeu como podia ter se casado com Silvinha, uma mulher tão completamente diferente de tudo que ele pensava para si. Ela era mais arejada naquilo que ele tinha de mais recluso. Ambos tinham formas opostas de gostar de estar no mundo. Caramba cantava para dentro, Silvinha queria palco e cantar para multidões. Seu mundo era grande e o espaço ali era pequeno – um não podia ser contido dentro do outro, de modo que sua necessidade por amplitude levou-a a escapar da cidade, do casamento, dos grilhões das arengas diárias que destituíam-nos por pura falta de bom humor.

Quando tudo acabou, Caramba lembrou-se do dia exato em que decidiram morar juntos. Esse cachorro vai?, ela perguntou, como se coubesse uma opção. Ele levantou o olhar com olhos tristes e disse, Ele passará pela porta da frente antes mesmo de nós. Não entendo como alguém pode ter um cachorro de nome tão feio, foi o que ela deu como resposta. Caramba olhou para ela sem carinho. Precisou explicar que o nome do cão se devia ao fato de que a convivência com o animal o retirou de uma letargia para a vida que antes era sua maior companheira; fora ele o responsável pelo seu despertar. Desencantado no sentido de desiludido ele estava agora, pensou, mas não disse. Queria reaver sua esperança, era melhor não aprofundar mágoas com palavras sem volta.

Mas a convivência impossível que fez da piedade amor de forma improvável, transformou ambos em escombros. Nada fazia Silvinha gostar de Desencantado, que tão bem cumpria o papel para que viera ao mundo e que era amar. Interessante que ela queria ser solta, mas repreendia a liberdade: queria o cachorro sempre dentro de casa, e criava passarinhos. Caramba, que saía do trabalho para os livros que lia na cama, à noite, deixava o cão perambular o quanto quisesse, e se entristecia com um canto que para ele não era outra coisa senão um lamento vindo das entranhas dos pássaros criados pela esposa.

Um dia, exausto, soltou-os todos e voltou a beber. Não que houvesse parado, mas depois da paixão reaprendeu a ter hábitos saudáveis com o álcool, agora novamente perdidos.

Então, num dia em que ele saíra mais cedo do trabalho para ir ao médico, chegou em casa e encontrou um bilhete de Silvinha: Acabou. Saio daqui para ocupar o meu espaço no mundo. E assinou, Silvinha.

Caramba achou legítima aquela reivindicação em dez palavras. Prezava pela força de ser o quanto se almejasse, e defendia que se fosse a campo, em lutas que desbravassem o matagal que precisasse ser atravessado para que se pudesse chegar ao lado desejado.

Compreendeu então o seu destino de amar o mundo sozinho. Saiu do emprego e voltou para as vigas e os toldos que haviam sido sua vida quando chegou em Henakandaya, meses antes de encontrar Candice, para quem ainda hoje achava que via sempre que olhava para o céu. Conversava com ela através do som do vento que chegava aos seus ouvidos, e quando estava bêbado, pedia opiniões à esposa morta, e ouvia respostas que o confortavam.

De nada adiantou que pedissem para Caramba ir novamente para dentro de casa. Me deixem ser, dizia apenas, e esperava que as pessoas compreendessem. Se ajudá-lo financeiramente através de seus pequenos serviços ou um prato de comida era a forma de compreendê-lo, então sim, concediam essa existência que flanava pelas ruas acompanhado de um cachorro, uma garrafa de cachaça e de mãos dadas com a solidão, com quem aparentemente caminhava, sorrindo.

Mergulhar no álcool é adentrar águas revoltas sozinho. Caramba já não trabalhava mais, com absolutamente nada. Deixou a barba crescer porque não tinha com o que removê-la, e é bem provável que se tivesse não se daria ao trabalho. Seus olhos negros se tornaram tristes, e o olhar cabisbaixo só mudava na presença da bebida em seu corpo, quando então seu ânimo reacendia.

Comia quando lhe davam, muitas das vezes restos gelados da comida de dois ou três dias em pratinhos descartáveis ou dentro de sacos plásticos. Alimentar-se era para ele um gesto que fazia quieto, dividindo o pouco que tinha com Desencantado, que devorava o alimento balançando o rabinho numa alegria de quem está diante de um banquete. Caramba emagreceu, porque não deixava o cachorro passar fome. O que tivesse era antes do cachorro, depois dele. Não se destrata quem nos escolheu para amar, pensava.

Mas era o ódio que vinha tomando conta dos moradores de Henakandaya, embora Caramba ignorasse porque ele não entendia de malquerenças. Sentia a molecagem que faziam com ele quando se aproximava do bar para pedir uma dose de aguardente. Soltavam piadas, faziam troça; e ele se deixava humilhar porque era preciso alimentar o vício. Longe dali, porém, não sentia repugnância de ninguém. Caminhava pelas ruas cambaleando, via os meninos apontando o dedo e rindo, mas todos fugiam quando ele se aproximava, trôpego. Seu corpo foi adquirindo feridas e inchaços devido às quedas. Tornou-se um homem cheio de ais. Sua figura passara a causar não apenas asco, mas também medo. A população temia por seus filhos, seus bichos, por suas próprias casas. Do que seria capaz um homem que vivia tropeçando nas próprias pernas?

No caso de Caramba, de dormir muito quando o sono vinha. E com a barriga vazia de comida, mas cheia de cachaça, o sono vinha sempre. Derrubado pela profundidade do seu desespero, nada o acordava. Quando se deram conta disso, os meninos chegaram até onde ele estava e pegaram Desencantado, que dormia aconchegado em si mesmo, pelas patas traseiras. O cachorro acordou atordoado, mesmo assim ganiu baixinho, acostumado a ser ele próprio um pedido de desculpas.

Caramba acordou com um calor fustigante perto de seus pés, e logo percebeu que o tempo não valia mais nada. Desencantado já não estava ali: não passava agora de um pedacinho de carne cheirando a torrado e a restos de querosene. Como aquilo não se alastrara para o seu próprio corpo ele jamais saberia, nem se questionaria. Esperou o corpo do seu amigo esfriar e o acariciou como quem recebe do governo os restos do cadáver de um filho que se esperava que voltasse de uma guerra, agora transformado em despojos. Se quiseram tirar de mim o fiapo de vida, conseguiram. Deram conta de acabar comigo, deram conta de acabar comigo, disse, repetindo entre lágrimas. Num instante o cachorro estava aninhado junto a ele, em seguida não existia mais. Caramba pôs-se de pé com uma dificuldade atroz. Ergueu do chão o cadáver endurecido de Desencantado e foi com ele em busca de um lugar para enterrá-lo. Nas calçadas, as pessoas olhavam a triste figura de um homem que perdera o único amor que ainda tinha dentro e fora de si, e desviavam o olhar com medo e culpa.

Desencantado foi enterrado perto do lugar onde ele havia soltado o gatinho logo que chegara em Henakandaya, tanto tempo antes. Sabia que seu tempo era o agora. Por que tinha que ser tudo tão difícil sempre? Ignorava que a gente se complica, que somos esse feixe de onde não se sabe o que pode vir a se desnovelar. De tudo, só sabia que era dono de uma resiliência refratária que não se deixava dominar. E foi naquela mesma noite, tendo se despedido de seu amigo Desencantado e começado a caminhar a esmo como sempre, que Caramba ouviu um relinchado curto. Sentiu que aquilo só poderia ser um convite. Aproximou-se dos matos e viu um cavalo parado, de pescoço abaixado, esperando ser montado. Caramba eivou-se de tanta sobriedade que teve a certeza de que aquilo só poderia ser obra de Candice lá longe. Passou uma perna sobre as costas do animal e agarrou-se firme em sua crina. A luz da lua iluminava seu corpo e tudo mais ao redor. Agradeceu à esposa morta como se soubesse o que aconteceria a partir dali. Sim, aquele cavalo só poderia ter sido enviado mesmo por ela. Bateu os pés nas laterais do animal, numa linguagem que dizia, A hora chegou. O cavalo pareceu se certificar de que ele estava bem seguro e começou a trotar. Em poucos segundos atingira uma velocidade ingovernável, e num impulso que Caramba sentiu quase como um solavanco, percebeu em seu rosto o vento mudar de direção: já não pisavam mais no chão.

Estavam indo ao encontro de Candice, e aquilo só podia ser o céu, enfim.

Dia de jogo é todo dia

Aparecido morou com a avó materna até o dia que o pai saiu de casa para não voltar mais nunca. Tinha sido o filho único de um homem que jamais desejara a paternidade e construíra para si uma vida solitária ao lado da esposa, a quem conseguiu prender de vez no pequeno casebre onde moravam quando derrubou-lhe no chão a ponto de quebrar sua coluna em dois lugares vitais para que ela nunca mais pudesse andar. Nesse tempo, o menino ouviu a mãe dizer aos policiais que havia sido assaltada e violentada para chegar àquele ponto e, ainda no hospital, pediu ao filho que ele não a desmentisse. Temia pela vida do menino e agora nem podia mais se mexer para tentar protegê-lo do que quer que fosse. O pai, que havia sido preso preventivamente, já que a polícia sabia bem como histórias iguais aquela se originavam e nunca dera crédito ao que dissera a mulher, foi solto dias depois. No entanto, apesar de enxergarem nos olhos do menino toda a narrativa que culminara em uma mulher paraplégica, a negativa de ambos fizera-os abandonar o caso. São apenas pobres-diabos habitantes de um subúrbio só comparável ao que se imagina como sendo o inferno, e do qual não conseguirão escapar, parecia ficar dentro do não dito.

Berenice voltou para casa quase um mês depois, tempo que levou para que o governo lhe conseguisse uma cadeira de rodas, que iria precisar dali por diante se quisesse fazer um caminho mínimo.

Lauro entrou em casa vindo do hospital com a mulher nos braços. Queria que os vizinhos vissem que não havia resquícios de mágoa entre eles ao carregar junto de si o seu troféu por ter escapado da polícia mesmo depois que todos ouviram, primeiramente, os gritos de briga e, em seguida, os gritos de dor. Porta fechada, anunciou para a mulher, O menino sai. Berenice não fez menção a qualquer tipo de resistência. Estava espalhado pelo seu corpo o mapa de todos os caminhos que não queria que seu filho percorresse. Ligou para a mãe. Dali para diante, cuida do que por consanguinidade também é teu, mas sabendo que fazes a mim um favor, foi como se dissesse por baixo de tantas lágrimas. O marido ao lado, esperando o fim do que considerava um drama. Depois, pegou Aparecido pela mão como se fizesse um gesto de nobreza e levou-o, junto com a mochila escolar, agora utilizada para carregar as roupas que precisaria nos próximos dias, para a casa da avó. Anunciou sua chegada com uma batida de mão fechada no portão. A mulher se aproximou ainda num avental puído e sujo de molho, o suor a descer pelo pescoço, o calor do fogo somado ao calor do dia e ao do momento. Prometera a si mesma que não diria nada, atitude tão contrária do que sabia de si. É teu, não queremos saber mais dele, disse, antes de dar as costas e sair. Incluir a mãe no desejo que era só dele causou-lhe um inevitável impacto ainda maior do que se tivesse ouvido unicamente a frase de rejeição denotando o que sempre fora vontade unilateral, mesmo que naquela idade ele já fosse grande aprendiz da sordidez alheia, e por isso mesmo não levou para dentro da casa da avó ódio algum pela mãe. Ao contrário, carregou para sempre um ódio dobrado do pai, que felizmente a ausência determinou que ele esquecesse com o passar das horas transformadas em meses e anos e, se fosse de viver séculos, de séculos também.

Vivenciava cedo demais e sem querer o conjunto de dores das quais não se esquiva.

Com o menino entregue, deu as costas e foi para o bar. Tinha alguns parcos cruzeiros no bolso, que recebera como pagamento por ter feito o que só sabia fazer na vida dos outros: cuidar em manter a beleza de um jardim. Ia quase todos os dias a esse mesmo bar. Fora lá que ele começara a adquirir a passagem para um dia sumir de casa completamente, recebendo de sua própria mão uma cirrose que se construía silenciosa, em aquedutos invisíveis dentro de si. Aparecido e Berenice jamais saberiam, mas no dia que Lauro finalmente sumiu de casa, antes havia estado pela última vez no bar, de onde depois entrou em um ônibus e desceu numa praça a muitos quilômetros de onde morava. As dores e a fome fizeram dele estátua de carne, e pela estranheza da situação, populares chamaram uma ambulância, que o levaria dali para um corredor de hospital, onde ele perderia gradativamente a consciência até morrer sem jamais recuperá-la, uma última benção concedida a ele por alguma entidade superior que não havia antes lido o seu histórico. A causa mortis poderia ser feita só com o olhar: a pele amarelada, os nódulos amarelados pelo corpo, os relatos de tosse e vômito com sangue, o hálito impregnado de cachaça. Foi enterrado em vala comum porque, como chegara sem qualquer documento, não havia a quem contactar e ninguém reclamaria um corpo do qual queriam distância.

Depois de quinze dias Berenice disse, como num pressentimento, Teu pai não volta, meu filho, vem aqui para o teu lugar. E ele foi. Não sem hesitar, não sem o medo dos frágeis sobrevoados por gaviões, mas destemidos como quem reconhece dentro de si a necessidade de aprender a voar. Há dias já vinha estando na companhia da mãe. Ele, a avó e uma vizinha se revezavam nos cuidados maternos, já que ela não poderia ficar ainda mais sozinha. Todos os dias temiam que Lauro ressurgisse como se ressuscitado, mas tinham fé que não. E por isso passaram a ser mãe e filho novamente.

A ausência do pai, contudo, obrigou-o a ser o novo homem da casa. Foi num dia de domingo, enquanto o desenho que assistia na TV ficava momentaneamente emudecido por conta dos fogos constantemente soltados fora e dentro do estádio do qual moravam a poucas quadras que Aparecido teve a ideia: iria vender bombons e cigarros no Presidente Vargas. Ainda tinha idade para entrar no estádio de graça. A saída era aquela, porque só o dinheiro que conseguia ajudando a descarregar o estoque que chegava todo dia na sapataria do seu Moisés não estava mais dando para tudo. Ainda mais agora, que o remédio da mãe mais faltava do que vinha no posto de saúde e era preciso comprá-lo mês após mês.

Construiu, ele mesmo, uma tábua com restos de madeira que encontrou em terrenos baldios, juntou a ela uns fios de cordão forte e julgou que seria suficiente para aguentar o peso do seu produto. Em seguida, foi para o semáforo com o destino de conseguir dinheiro para comprar aquilo que havia adquirido com a intenção de vender.

Escolheu um dia de clássico para dar início ao seu segundo trabalho. Da porta de casa viu o mundo de gente caminhando para o estádio. Era sempre assim, mas em jogo de antigas rivalidades muito mais gente aparecia. Organizou os maços de cigarro sobre a bancada, formando um colorido bonito e vistoso, colocou uns bombons envoltos em plástico brilhante, pendurou tudo no pescoço e foi.

    Somente ao se aproximar do estádio percebeu o que nunca havia se dado conta: era muita gente junta num mesmo lugar. Por um instante que nunca mais se repetiria, Aparecido sentiu a ausência do pai. Teve medo de estar no meio de tanta gente sozinho. Os empurrões, a aglomeração, o calor, tudo parecia prestes a explodir em violência, e seu abstrato sentimento de autoproteção o fazia compreender que ele era muito pequeno para se sentir tão acuado. Em seguida o pensamento em relação ao pai se desfez: o que ele queria era a mão protetora de um homem adulto. Podia ser até de um padrasto, pensou. Mas mamãe daquele jeito nunca mais que vai conseguir alguém pra namorar.

    Quando chegou na catraca, o primeiro obstáculo: Quem disse que você vai entrar aí com isso tudo, moleque? Era o homem que recolhia os ingressos. Por favor, moço, eu preciso ajudar em casa, minha mãe... Eu não quero saber da sua mãe. Passa uns cruzeirinhos pra cá. Mas hoje é meu primeiro dia, eu ainda não tenho nada. No olhar para o chão, a vergonha da pobreza. A fila começou a gritar, as pessoas queriam ir para as arquibancadas. Aparecido já estava quase convencido que voltaria para casa no prejuízo, quando o homem disse, Pois me arranje um cigarro desses! O menino pegou um maço e entregou. O homem tirou a perna da catraca e liberou a passagem. Aparecido colocou a tábua com seus produtos acima da cabeça e, enquanto passava de fora para dentro, o homem dos ingressos retirou outro maço de cigarros da tábua e deu uma risadinha, Hoje é dia de clássico, o pagamento é dobrado. Aparecido só olhou para ele num sentimento de tristeza e subiu os degraus para as arquibancadas colocando o cordão no pescoço. Não sabia ainda o que era fé mas pediu para dentro de si mesmo que vendesse tudo, que não tivesse prejuízo e que pudesse levar para casa o dinheiro do remédio da mãe e, se não fosse muito, Nossa Senhora, que sobrasse um pouco também. Aparecido gostava de pão e de cuscuz, queria ter dinheiro para isso. Mas se der pra tirar só o do remédio da mãe tá bom também, santinha, pediu, resignado.

Ainda faltavam uns quarenta minutos para o começo da partida, e a todo instante alguém o chamava querendo comprar bombom e cigarros. Deu certo. Quando o jogo começou, seu pescoço já doía bem pouco. Achava que voltaria com a tábua debaixo do braço, e voltou. Passou na farmácia e comprou o remédio da mãe, depois foi na padaria comprar pão e viu um pãozinho com um creme amarelo dentro e um pozinho branco em cima que parecia poeira. SONHO, estava escrito na placa sobre ele. Achou melhor levar um desses também.

No final de semana seguinte, já conhecedor do estádio e dos caminhos até chegar lá dentro, estava menos amedrontado e mais disposto. Parecia que ia dar certo mais uma vez: o homem que recolhia o ingresso havia mudado e deixou que ele entrasse sem pedir nada em troca. Mas foi só ele chegar e recebeu na cabeça uma lata de cerveja. Sai da frente, animal!, gritou um homem dois lances de arquibancada acima dele. Aparecido olhou para o campo: o jogo nem começara ainda. Além do mais, como poderia ele estar na frente de alguém sentado acima dele? Ficou confuso, não entendia que o homem estava bêbado, e quando alguns fins de semana depois teve a compreensão de que as pessoas tinham comportamentos estúpidos desengatilhados a partir de muita cerveja, prometeu a si mesmo que jamais beberia. Lembrava o que o álcool libertava de dentro do seu pai, e Aparecido não se imaginava encorajando o despertar dos mesmos monstros.

A volta para casa foi novamente em companhia da felicidade. Respirava o ar da alegria porque sua mãe havia dito que Mariúza, a vizinha que os ajudava de vez em quando, conseguira o remédio no posto de saúde. Planejava entregar o apurado da semana todo na mão da mãe, mas decidiu que naquele dia não iria para casa pelo mesmo caminho. Passou por entre becos de casas novas para os seus olhos. Numa dessas, foi encontrado. Pelo menos foi assim que ele entendeu tempos depois, quando nos instantinhos de descanso gostava de ir para o terreiro por trás da casa e ficar olhando o casal de periquitos que comprou apenas para ter outro som dentro de casa que não somente o som de sua voz e da voz da mãe. Além do mais, disse para a mãe, explicando, é um barulhinho que tira a tristeza da gente, não acha? A mãe discordava, Mas você quer tirar a sua tristeza deixando esses bichinhos na prisão? Veja a situação da sua mãe. Você acha mesmo que eu sou feliz assim? Aparecido sentiu os olhos arderem em lágrimas. Quer dizer que você é triste, minha mãe? Não, porque eu tenho você. Mas seria de mais contentamento se pudesse andar como antes. Por isso que não acho que esses passarinhos sejam felizes engaiolados. Mas Aparecido era sobretudo criança, e disse, num arremate, Se eu soltar eles não vão saber voar direito e vão acabar morrendo.

Berenice ficou pensando sobre o que significava morrer numa prisão. Doída pela revolta que às vezes lhe tomava, quase não dormiu àquela noite. No cômodo ao lado, Aparecido passou a noite insone também, observando seus periquitos existindo quietos por trás das grades.

Já era perto do natal quando seu Moisés disse que precisaria dele todos os dias depois que voltasse da escola para ajudá-lo no recebimento, contagem e organização do estoque da sapataria. O movimento de final de ano o surpreendera e ele teve que fazer outras levas de pedidos. Aparecido enxergou nesse bem-vindo dinheiro extra por vir a oportunidade de comprar um vestido bonito para a mãe, ou um perfume. Percebera que há tempos a mãe não tinha mais prazer em se tornar bonita para olhos alheios, como se dentro de si a chama fosse tão pequena que somente um olhar atento diria que ela já não havia se extinguido.

Todos os dias, de segunda a sexta, cumpria o ritual: chegava da escola, largava a mochila em qualquer canto da sala, devorava o que fosse de almoço e corria para a sapataria de seu Moisés, esperar o caminhão chegar às duas da tarde. Era só abrirem as portas do contêiner que Aparecido se iluminava de dentro pra fora. Ficava imaginando os homens e mulheres que calçariam aquele monte de sapatos e sandálias nas festas de fim de ano, e se animava ao imaginar a si próprio em momentos de tanta alegria. Contentava-se acreditando que se não ele, uma parte de si estaria, através do seu trabalho – e sorria sozinho. Tá rindo do quê?, perguntavam os outros ajudantes dentro da sala do estoque, mas Aparecido ficava calado. Eu, hein, menino esquisito...

Dois dias antes do natal o trabalho triplicou. Aparecido nem teve tempo de almoçar, ia da escola direto para a sapataria, a pedido de seu Moisés, que prometia uma vultosa bonificação, e chegava em casa faltando poucas horas para a mudança de dia no calendário, exausto. No que lhe coube de horas de sono no segundo dia, acordou de madrugada e foi até os fundos da casa. Havia esquecido de colocar a comida dos periquitos dois dias seguidos e sabe lá Deus há quanto tempo eles já estavam sem comer. Um deles estava morto. Quando o periquito sobrevivente o viu, começou a gritar num desespero de aviso pelo companheiro perdido e também da fome que o arrasava. Aparecido correu para a vasilha da ração e encheu o recipiente da pequena ave até transbordar. Caminhando até o chão, o bicho comeu com a voracidade de quem não via comida há dias e nem tinha como buscá-la, olhando de vez em quando para Aparecido, entre a desconfiança e a gratidão. O menino esperou o periquito se saciar, enfiou a pequena mão dentro da gaiola e retirou o corpo do que não havia resistido à fome. Somente então se permitiu chorar.

Quando o outro dia surgiu, disse à mãe que um dos periquitos havia morrido de fome. Ainda pensou em acusá-la, dizer que ela poderia ter deixado um bilhete lembrando a ele de alimentar os bichos quando chegasse em casa, já que ao chegar ela já estava dormindo, e a cadeira de rodas dela não chegava no acidentado terreno dos fundos da casa, onde a gaiola ficava pendurada num arame amarrado a uma ripa do telhado. Dentro de si chegou mesmo a aventar a possibilidade da mãe não ter feito isso porque preferia ver os bichos mortos a presos. Depois achou que não, que apesar dos anos todos vividos com o marido que teve, ela não tinha guardada dentro de si tanta crueldade, mas a verdade é: ele jamais saberia. Conformou-se à vontade que tinha de crescer sem raiva da mãe.

Quando um novo campeonato começou, Aparecido já estava com sua tábua de cigarros e bombons preparada para novas idas ao estádio. No final do ano anterior, preferiu não dar vestido nenhum e perfume nenhum à mãe. Disse a si mesmo que era melhor guardar o dinheiro para comprar os remédios de que ela fazia uso constante, desculpando-se por um sentimento que não sabia que tinha e que por isso, e talvez também pela pouca idade que tinha, ainda era incapaz de compreender completamente: o rancor. Só sabia que o que ele trazia consigo o perturbava.

Foi com o coração carregado que ele colocou a tábua pendurada ao pescoço diante de si e se dirigiu ao estádio. Já entrou com o jogo começando e os torcedores impacientes. Para seu azar, ficou concentrado do lado da torcida cujo time estava perdendo, então não apenas vendeu pouco, mas foi vítima da fúria de quem, não tendo onde aliviar suas dores, as impõem aos outros. E foi aí que Aparecido surgiu no caminho de um desses infelizes.

Era um homem de pouco mais de vinte anos, e assim que viu Aparecido, enxergou nele a possibilidade de desaguar seu ódio. Vem cá, moleque! Ele já estava acostumado a esse vocativo. Pouco lhe importava, se vendesse algo, ia para casa sem deixar o pensamento se demorar sobre a tristeza que certas palavras causavam dentro de si. Me dá um cigarro aí, continuou o homem. Qualquer um? Sim, qualquer um. Vamos logo, o jogo já vai terminar! Aparecido entregou-lhe o cigarro e perguntou se ele queria que acendesse. O homem viu o isqueiro pendurado num elástico na ponta da tábua e, dizendo que sim, esticou o braço e acendeu o cigarro. Aparecido ficou esperando o pagamento. O homem fumava, olhos vidrados no campo. Lá embaixo, o juiz apitou o fim da partida. O homem gritou, com ódio de mau perdedor. Aparecido continuou no mesmo lugar, aguardando, aguardando. O que é que você está fazendo aqui, moleque? O senhor não me pagou, ele disse, por cima do tumulto que se formava. Nem vou, disse, dando um tapa na tábua pendurada ao pescoço do menino, que se desmanchou com o impacto da pancada, os produtos se espalhando por vários degraus da arquibancada. Agora corre, menino, que não tem polícia, a polícia está apartando briga do outro lado do estádio. Corre se não quiser levar uma dessas você também.

Aparecido não correu, mas saiu de perto do homem. Foi andando para fora do estádio, sem se importar muito com a confusão que deixava para trás. Só pensava que agora teria que usar parte do dinheiro que juntara para o presente da mãe para comprar novamente todos os produtos. A imagem vívida de todos os bombons e maços de cigarro espalhados pelo chão e pisoteados eram de tamanha tristeza que ele não conseguiu se deter diante da vontade de se entregar à urgência de chorar. As lágrimas desciam numa velocidade incontida; ele passava a mão no rosto para logo em seguida voltar a senti-las nos lábios, no pescoço. Chorou durante todo o caminho de casa, mas ao chegar, já estava mais calmo. Compreendeu que chorara tudo aquilo para não fazê-lo na frente da mãe. Entrou em casa e foi correndo para o banheiro lavar o rosto. Só então foi falar com a mãe. Como foi o dia de hoje, meu filho? Foi tão bom, mamãe. Vendi tudo. A venda foi tão boa que eu decidi jogar fora aquela tábua velha e fazer uma nova, mais bonita. Se continuar como estamos, ainda vou comprar uma casa num lugar melhor para a gente viver. Berenice sorriu. Comprar uma casa vendendo cigarros em dia de jogo, imagina. Mas disse para o filho, É claro que vai.

A cada volta para casa, depois de receber cusparadas, latinhas de cerveja nas costas, de ser ludibriado nas vendas, de lhe chamarem por todo tipo de nome e sofrer frequentes humilhações, Aparecido surgia em casa para ouvir a mesma frase ritualística da mãe, E hoje, meu filho, como foi? O menino contava histórias bonitas de pessoas que o abraçavam, que davam a ele refrigerante e cachorro quente, Teve até uma mulher que disse que queria que eu fosse filho dela, mãe. Foi mesmo? E você disse a ela que já tem mãe? Eu disse a ela que eu tenho a *melhor* mãe. Ah, bom, Berenice afirmou, sorrindo. Seu coração queria acreditar nas invencionices do menino, mas sabia que a maior parte delas eram fruto do desejo daquela criança, plantado em terras áridas. Aparecido parou um pouco e complementou, Disse também que estou juntando dinheiro para a nossa casa nova. Então é isso mesmo?, quis saber a mãe. É claro que é. E eu vou comprar.

Mas as vendas no estádio nunca mais foram as mesmas. As pessoas vinham se tornando muito mais irascíveis nos últimos tempos, e por qualquer mínima bobagem queriam descontar no menino. O tempo foi fazendo dele jamais o moleque, mas seguramente o esperto. Ou se endurecia ou não conseguiria lidar com as constantes malandragens dos torcedores, que queriam tirar vantagem em tudo. Além disso, começava uma época em que a sociedade se mobilizava para causar aflição e medo nos fumantes, baseado em estudos recentes; aos poucos, o número de objetos cilíndricos entre os dedos das pessoas diminuía. E Aparecido chegava ao final de semana cansado demais das aulas e do trabalho na sapataria para aguentar carregar isopor com latas de cerveja nas costas ou sobre a cabeça. Ainda mais depois que a mãe disse que atrapalharia o seu crescimento. Se a mãe dizia, era quase como uma praga, e uma vontade que ele não tinha era a de ser anão. Pelo menos a santinha continuava atendendo o seu primeiro pedido, o de não deixar faltar o dinheiro do remédio de sua mãe. Do estádio para casa, já não era mais possível comprar sonhos. Mesmo assim ele os tinha, e colecionava cada um deles, com o olhar apontado para o futuro.

O fim do campeonato aconteceu no domingo mais quente do ano. Quase que Aparecido não saía de casa. Por ele, ficaria debaixo do chuveiro o dia inteiro. Mas tinha os remédios da mãe para comprar. E uma casa. E isso era só o começo. O menino ia aos poucos deixando de ser menino, e fazia planos. Queria-os todos. Já pensava que no ano seguinte iria mudar seu produto de venda. Ganhava a consciência de que juntava dinheiro às custas da saúde alheia e essa percepção o fez descobrir um outro sentimento: o pesar, companheiro de um outro bem próximo, o arrependimento. Aparecido ia somando o mundo a si pelo seu caminhar, e se espantava. Era tão bonito, aquele espanto, porque reconhecia dentro de si toda a humanidade. Compreendia que tirava uma roupa que não lhe cabia e vestia uma outra, num exercício de mudança que fazia com um sorriso por dentro. Estava certo que aquele seria seu último domingo vendendo cigarros. E seria mesmo.

O jogo começou com dois cartões vermelhos logo nos primeiros minutos da partida. As torcidas se exaltavam. Aparecido, o menino, ouviu nomes que nunca soubera existir e que não teria tempo de registrar para uso próprio, se um dia viesse a precisar. Tal dia nunca veio.

Ele sentia que existia algo diferente, mas continuava caminhando por entre as pessoas oferecendo o que tinha para vender. Queria chegar em casa dizendo à mãe que ainda não tinha a casa, mas tinha a maioria das portas e algumas paredes. E sabia que ela iria sorrir, como sempre. Ele sabia que o que ela queria mesmo era uma cadeira de rodas nova. A sua estava muito velhinha e puída, era a mesma desde o tempo do pai. Pensou que se na sapataria fosse bom novamente esse ano, compraria o equipamento para a mãe.

Saiu dos devaneios para atender não ao chamado de um cliente em potencial, mas para o triste chamado da realidade. O chão tremia aos seus pés. No estádio lotado, os torcedores pulavam juntos, com força e vontade, gritando palavras de ódio para o próprio time, para o juiz, os bandeirinhas e quem mais achassem que tinham o direito de escarnecer. O barulho ia se transformando num clarão de vozes, como uma horda invadindo terreno inimigo. Os pulos se intensificavam, e então, o acidente. Parte da arquibancada desmoronou como se um terremoto desmanchasse o que era cimento, brita e areia até poucos segundos antes. As pessoas caíam para dentro do buraco, escorregando porque não havia o que fazer. Num segundo estavam suspensas, no outro, nada mais tinham aos seus pés. A partida parou. Do campo, os jogadores observavam, estarrecidos, metade do estádio sucumbir ao estremecimento causado pelos pés dos que haviam ido até lá para torcer. As pessoas corriam, descendo o que restou das arquibancadas com a pressa de quem vê atrás de si uma avalanche. Atropelavam-se, pisoteavam-se, matavam-se umas às outras na tentativa de escapar daquele terror de escombros e pedaços de ferro retorcidos. O estádio parecia um bicho estraçalhado do qual se podia enxergar as vísceras. E urrava, urrava.

Berenice ouviu a correria dos vizinhos e se chegou para mais perto da porta. O que está acontecendo?, perguntou a alguém que passava. Aconteceu alguma coisa no Presidente Vargas, lhe disseram, sem maiores detalhes. Seu coração disparou em corrida solitária dentro do peito. Buscou aquietar-se: logo mais saberia dos detalhes, não precisava se abalar agora, enquanto não havia nada.

O nada durou pouco. De lá, vieram as informações. Metade do estádio estava no chão. Muitos mortos e feridos. Berenice virou a cadeira para dentro de casa e ligou a televisão, que já mostrava ao vivo a dimensão da tragédia. Repórteres em diversos pontos do local e um outro, fazendo a cobertura de um helicóptero, tentavam trazer a informação mais completa possível, quando nem mesmo as autoridades ainda conseguiam compreender muita coisa. Naquele momento, tudo não passava de especulação baseada em imagens. A mãe de Aparecido, contudo, não continuava viva porque era menos do que uma fortaleza: era toda ela de uma resistência de não se abater. E foi assim que encarou Mariúza quando ela entrou em sua casa, deixando o vento bater com força a porta atrás de si, assustando o periquito nos fundos da casa. A vizinha foi direta, Já está sabendo? Estou acompanhando pela televisão, é tudo o que posso fazer, respondeu Berenice.

Mariúza ofereceu ajuda. Ia atrás de saber para onde os feridos estavam sendo levados e procuraria por Aparecido, caso ele não voltasse para casa.

E ele não voltou. Horas se passaram, e seu filho não voltava com seu dinheiro no bolso e os sonhos dentro do peito. Ainda assim, Berenice permanecia estoica não pelo vazio do medo, mas pela iminência do desamparo. Temia o não haver mais por quem, e temia desejar fazer o caminho de volta da borboleta até o casulo, ou dentro e antes dele até, quando o que impera é a escuridão do não existir, de modo que ela compreendia que não há resistência sem muitos esforços. Mas em seu território era preciso acolher o tempo, predador natural e onipresente. E foi com seu caminho traçado antes mesmo que lhe pudesse chamar destino que ousou esperar Mariúza. Os lobos que a devoravam também eram filhos do carbono, e por isso mesmo, escolheu alimentar a esperança.

Descobriu pela amiga que o nome do filho não constava em nenhuma lista do hospital para onde os feridos foram levados. Abertas as chagas, não estava desfeita a esperança. Sabia onde o filho guardava o dinheiro que vinha juntando para a casa, destruiu a caixa e pediu que Mariúza a levasse num táxi até o IML. Não conseguiria arrancar a informação que precisava por telefone, e como convencer a pessoa do outro lado da linha que ela era impossibilitada de caminhar? Tinha que ir. Seu abrigo verdadeiro poderia estar lá, depois de ter estado sob os escombros.

Voltou para casa sabendo o que queria saber. Mariúza passou o resto do dia com Berenice, o silêncio transformado em compreensão e castelo. Ainda não sabia como seria. Não tinha como saber. Mas havia algo que ela sabia. Mariúza, a gaiola com o pássaro do meu filho, disse. Foi esse o único instante em que soltou um gemido. Pensando talvez que Berenice fosse entrar em erupção, demorou-se pelo quintal. Quando passou pela porta, a amiga estava parada perto da janela, olhando muito reta para a rua de casebres espremidos. Mariúza passou a gaiola para o colo da amiga, que abriu a portinhola e disse, Segue o teu destino.

O pássaro ouviu. E ignorando qualquer possibilidade de ser capturado mais uma vez, se foi. Berenice observou-o voar por cima de tanta pobreza. O céu era o seu lugar de morada. O céu, ela sabia. E sendo assim, compreendeu naquele instante que jamais colocaria sobre um altar qualquer que fosse a sua dor.

O fim a partir do qual começamos

Era tão raro ver um dia de chuva que quando os pingos d'água caíam as pessoas saíam de suas casas com a alegria de quem se veste para dançar e cantar. E para estupefação geral, um dia de chuva se sucedeu ao outro, as calhas ficaram limpas e as mulheres abriam a passagem para que a água, lépida e clara, caísse dentro das cisternas, onde guardariam para o ano a água boa de beber, de cozinhar e curar, porque vinda do céu.

Foi do céu também de onde veio o raio que caiu depois de longo trovão anunciando o que ninguém pôde prever, embora o medo. Eram todos tão jovens, os rapazes que estavam no açude se divertindo como se enroscados em corpos de volúpia, dádiva que a vida traiçoeira não daria a um deles, que foi retirado da água e levado para o hospital, como os outros três, mas que de lá sairia para um destino diferente dos demais.

Enquanto não se sabia se ficaria vivo ou morto, era da terra, em direção aos céus, que iam as orações de toda a cidadezinha para que os quatro garotos escapassem. O que estava em condições de maior desapego com a vida se chamava Lúcio, neto do dono da única farmácia de Olinópolis, que havia convidado uns amigos para o açude, onde poderiam passar a tarde se divertindo, uma vez que estavam de férias e a cidade, pedaço tão pequeno de chão que, não tendo muito a oferecer, produzia nesgas de paraísos improváveis no qual a população por vezes se refesteleva. Levem para Henakandaya, disse a beata Olinda, A cidade tem fama de realizar o impossível. O padre arregalou os olhos, em benedita exortação, Não seja ímpia, mulher!

Por acaso não tomas como certo que o mesmo Deus que age lá age cá? Que forças você quer que entrem em ação para operar milagres? Não te basta saber dos absurdos que têm acontecido por lá ao longo dos tempos para refutar uma ideia como essa? A ira do padre era de exigir um confessionário, mas agia com a razão que a mulher não tinha. Enquanto falava, gotículas de saliva saltavam em direção a ela, que aceitava o sermão, resiliente.

    Aos poucos, um a um os rapazes foram saindo de seus leitos de hospital em direção às suas existências cotidianas, exceto Lúcio, com mais da metade do corpo queimado, ainda sem consciência desde que o incidente ocorrera. Em casa, o pai havia pensado, Se é do meu filho nunca mais ser o mesmo, que Deus o leve para junto de si.

    No dia seguinte, seu pedido foi atendido, fosse pelo próprio Deus, que estava de ouvidos abertos quando ele fez a súplica, fosse por outra entidade qualquer que pôde diminuir o sofrimento de um pai, e uma vez tendo sido o pedido atendido, começava o tempo de não dizer mais nada. O cortejo saiu do hospital em silêncio. Também em silêncio o corpo de Lúcio foi entregue ao chão, que em silêncio para ouvidos humanos o devoraria por inteiro. Por muito tempo as palavras ouvidas aconteceriam baixinho, para não incomodar o sentir alheio, que era dor, um lugar no outro muitas vezes difícil de acessar. Ao final daquele ano, as festividades foram as mais reclusas e reflexivas como em muitos anos não.

    Quando o carnaval chegou a cidade voltou a se manifestar em cores, ainda que tímidas, não queriam magoar seu Herádio, o avô do menino morto, figura mítica na pequena cidade. O sorriso que mostrava para os que tinham dúvida não era de contentamento pela proximidade da festa mundana, mas de aquiescência, como se dissesse que ele não poderia impedir a alegria de nascer novamente no meio do povo. Repare nas máscaras teatrais, sempre representadas juntas: uma a sorrir, outra a lamentar. Repare na Fênix, ora cinzas, ora pássaro revigorado. Viver é seguir Perséfone aonde quer que ela esteja ou vá. Alegria e tristeza acontecem juntas, não há escapatória possível, dizia ele.

Ezequiel, que havia sido irmão de Lúcio durante dezenove anos e agora não era mais irmão de ninguém, tentava se fiar nas palavras do avô, mas seu coração não guardava tantas certezas. Tinha em Lúcio a obra inteira de uma vida, sendo ele o irmão quase cinco anos mais velho. Como extirpar de dentro de si a saudade, incansável abelha-operária a lhe retirar o juízo? Para sempre agora a memória de uma existência breve. A sua poderia prolongar-se, mas a do irmão seria sempre um ponto de luz cada vez menor na vida dos que ficaram, até que desapareceria no inescapável alargamento da vida. E se ele também esquecesse do irmão, do som do seu riso, do calor das suas lágrimas a lhe esquentarem o ombro, das conversas que tinham noite afora sobre tudo o que pretendiam colher em suas vidas? Era um medo de não querer viver também, o de Ezequiel, porque sabia-se triste.

Os pais pareciam capazes de levar a vida mais ou menos bem. Como muitos, afundaram-se no trabalho. A mãe passou a consumir-se inteira na cozinha e a aceitar cada vez mais encomendas, o pai viajava para onde havia trabalho para não ter que ficar na cidade muitos dias seguidos. Distante dos seus e inevitavelmente distante do maior amigo, Ezequiel obrigou-se a juntar suas forças, ele que de fortaleza era agora escombros. Mas era tempo de voltar ao seu estágio na prefeitura, onde recebeu os pêsames de todos – ao qual respondia com um aceno de cabeça – e também à faculdade. Com muito esforço, foi dando conta, e passou a acreditar que viver era isso mesmo, a tentativa de sorrir em meio a um eterno choro e ranger de dentes.

Mas foi então que começaram os sonhos. Todas as noites Lúcio aparecia-lhe durante o sono. O que para muitos seria motivo de alegria, para Ezequiel era a perturbação do seu processo de cura. Faziam em sonho o mesmo que faziam quando Lúcio existia, e ao acordar e saber da inexistência do irmão, Ezequiel foi novamente caindo para dentro de si, se afogando em si mesmo, e aquelas eram águas que moinhos não deveriam trazer de volta. Era o sentimento de falta, dizia a si e a um ou outro que perguntasse. Saudade não se escolhe sentir. E a dele estava tornando-o disperso, desabitado de si. Já não falava como antes, não se comunicava e começara a falar sozinho, como se respondendo a vozes que só ele podia ouvir. As pessoas se afastaram de Ezequiel porque sentiam vindo dele o medo a transbordar-lhe, tomando seus arredores, e como adultos que eram, temiam ser, elas também, fulminadas pelo medo. E a coragem é essencial para o movimento mais simples, como erguer-se todos os dias e encarar as convicções alheias, e elas sabiam. Ezequiel não encontraria a borda a qual agarrar-se.

Sem amigos, sem pai nem mãe que divisassem seu sentir, estava perdido às vésperas de fazer vinte anos. Sentia-se tão só que não se comprazia de nada, nem da iminência de mais um ano, data próxima que passava a maior parte do tempo esquecida, mas que, ao ser lembrada, era tida apenas como uma data de sobrevivência. Cada ano a mais que tivesse seria por todos os dias um ano a menos com seu irmão. E como ele fora morrer tão perto do seu aniversário? Por acaso queria que ele nunca mais o comemorasse? Pensava essas coisas e dizia que não podia sentir raiva dele. Então, lançava sua ira contra Deus, que transverberou o raio fatal, centelha de morte, apenas década e meia depois da que o trouxera, chama da vida. O Deus que recolhera seu irmão para o meio dos mortos sem sequer deixá-lo recobrar a consciência, impedindo que se despedissem. Mas que Deus faria isso, e com que intuito? Veio então um novo sonho, trazendo a revelação: eu não morri.

Já passava das três da manhã quando Ezequiel levantou-se da cama, foi até o quintal onde o pai guardava um saco de lona com uma picareta, uma pá e outras ferramentas, e lançou-se em direção ao único caminho possível. Seu irmão estava vivo! Vivo! Era só ser rápido e desenterrá-lo! Era só não deixar que ele morresse sem fôlego dentro de um caixão de madeira. Meu irmão, estou indo!, gritou ele de cima de sua bicicleta, depois de amarrar o saco na garupa. Você vai voltar pra casa! Tinha tanta fé nisso, tinha tanta certeza, que já conseguia imaginar o que fariam juntos, como recuperariam os dias perdidos, e sorria, sorria com as lágrimas lhe banhando o rosto, o vento gelado da madrugada batendo contra si. Nada daquilo importava, o chão de barro se levantava em poeira, a respiração ofegante, ele mal iluminado pelos poucos postes de luz âmbar ao longo da estrada que levava ao cemitério, e tudo que ele queria era retirar o irmão daquele lugar e levá-lo para o bar do Zé Clécio para comer um hambúrguer, tinha certeza que todo aquele tempo preso deixara o irmão com fome; iriam comer, tomar uma coca-cola e conversar sobre aquela quase tragédia em suas vidas. Pedalou com ainda mais força, a ponto do remendo na chinela de borracha quase se partir, mas era preciso ser rápido, era preciso ser ágil para que o irmão saísse da terra respirando e bem, e por tudo o que Ezequiel desejava, ele iria. Estava certo que iria reparar um erro de Deus, ao deixar o coveiro enfiá-lo sob o solo, com toda a família testemunhando, dor colocada sob lupa. Chagas abertas, disse para si mesmo quando pulou o muro do cemitério e caiu do outro lado. Àquela hora não havia mais ninguém, só a luz renitente da casa do coveiro, há muito desabitada.

    Começou a quebrar o duro chão de cimento. Inicialmente dizia Meu irmão, vou tirar você daí, aguente!, mas percebeu que falar lhe diminuía as forças, então fez o resto do trabalho no mesmo silêncio que de si derramava todo aquele tempo. Retirados os blocos de cimento quebrado, cavou até que a pá encontrou a madeira, destruída com mais alguns golpes. De dentro, puxou o corpo do irmão, tomado pelos vermes da terra, desfigurado pela descarga elétrica que o matara, mas não para os olhos de Ezequiel, que o tomou nos braços aos soluços, Lúcio, meu irmão, eu estava com tanta saudade! Apertou o corpo do irmão contra si. Terra, vermes, umidade, toda a sujidade misturada tocando suas próprias vestes e o seu próprio corpo. Que saudade, que saudade, era tudo que o irmão vivo sabia dizer, como se houvesse ali uma esperança de resposta. Qualquer resposta.

    Ezequiel puxou o resto do corpo do irmão de dentro do caixão, enrolou-o no saco de lona que trouxera com as ferramentas e deu um jeito de segurá-lo à bicicleta. Em seguida saiu pedalando com o irmão, conversando coisas incompreensíveis e dizendo outras como se do cadáver ouvisse resposta. As casinhas à berma da estrada fechadas, os mesmos postes de luzes amareladas parcamente a iluminar o caminho, e o vento sentido no rosto do irmão que ficou. Passeou com o corpo do irmão até as luzes do poste se apagarem e serem substituídas pelas primeiras luzes do céu. Ezequiel já estava de boca seca, de tanto que conversara com Lúcio, e enquanto saía de um caminho e entrava noutro percebeu as casas e comércios se abrirem, porque em cidade pequena tudo começa cedo, e não entendeu quando viu o assombro no rosto de quem cruzava com aquele corpo pendendo de uma garupa, mal coberto por um saco e amarrado de um jeito esquisito, como que por milagre se sustentando.

Mandaram chamar o delegado, a única autoridade da cidade que podia resolver aquele caso, apesar da presença do padre e do prefeito. Ezequiel foi agarrado por populares, e como medida de contenção, o delegado travou-lhe os braços com algemas. De quem é esse corpo?, perguntou o homem para Ezequiel. Por acaso o senhor não está vendo o meu irmão?, devolveu. Diga para ele quem você é, Lúcio, diga! Qualquer pessoa no crescente círculo que se formara saberia que ali não se reconheceria ninguém. Mas quando foram ao cemitério, constataram o que havia acontecido e descobriram que o rapaz falava mesmo a verdade. De longe veio uma repórter e um câmera, que lhe perguntou, dentre as paredes da delegacia, o que o motivara a violar o túmulo. É que eu sinto tanta saudade do meu irmão!, disse, chorando. Tanta, tanta saudade! Todo eu sou saudade do meu irmãozinho, era o que sabia dizer, como se houvesse caído em si. Havia uma comoção sem nome ao redor daquelas pessoas. Soltem o garoto, pediram. Ele precisa de tratamento pra cabeça, não de ficar preso aqui, disse a repórter, quando a câmera estava desligada. Ezequiel foi solto poucas horas depois. Não viu quando devolveram o corpo do seu irmão para o buraco de onde ele o tirara. Sentiu dentro de si uma angústia agonizante, sabia que ia passar por todo o sofrimento da perda de novo, numa epifania que o levou para um futuro certo difícil de suportar, porque sabia o que iria encontrar.

Por um momento, ficou feliz pelo irmão, que jamais saberia o que era passar por tudo aquilo, e por tantas outras dores.

Coração parado, liberdade.

O amor de Midas

Atravessou o saguão do aeroporto como quem passa por um portal e subiu as escadas rolantes em busca da palavra saudade. Como imaginava, encontrou-o já sentado, à sua espera. Era assim todos os anos, há quase quarenta anos.

Quando ele a viu, levantou-se da cadeira apoiando-se na mesa com cuidado, virou-se na direção da mulher e disse, com a voz rouca peculiar que a ela parecia um afago, Meu amor, como era imensa a falta que senti de ti. Ela sempre ficava sem jeito diante das palavras de carinho de Romeu, que jamais abdicara delas; bem diferente de si, cujo amor prescindia arroubos de êxtase. Não que deixasse de falar de seu amor por todos aqueles anos. Romeu lhe dizia que sabia da vastidão do seu sentimento por ele, largo e profundo, como o mar.

Acontece que Vládia fora educada para o silêncio. Recebia em casa, desde pequena, os professores que a alfabetizaram e ensinaram a ela seus primeiros números. Só era autorizada a falar quando eles lhe solicitavam que lessem algo ou fizessem alguma pergunta de forma objetiva. Depois do almoço, fazia a sesta até meia hora antes da professora de piano chegar, quando então lhe era dito que além da coordenação motora, o mais importante naquelas aulas era ouvir, para sentir a música e aprender com ela. Perguntar, somente o necessário. Por fim, a professora de bordado, que também lhe dizia que não há professora melhor do que a concentração, que só através dela se cria arte, e que não há criatividade possível se o aprendiz não estiver completamente absorto na atividade de dar forma às linhas e agulhas de que dispõe.

À noite, seu pai, um farmacêutico que passava as horas do dia ocupado em trazer para o lar o sustento da família, não tolerava conversa à mesa de jantar e, em seguida, dizia que não queria converseiro dentro de casa enquanto ouvia o noticiário pelo rádio. Não era de se admirar que Vládia gostasse tanto de ler. Em sua cabeça, os personagens tinham todas as vozes que lhe eram negadas. Sabia que, uma vez que lhe foi tirado o direito de falar para fora, era imprescindível que falasse para dentro, do contrário enlouqueceria. E enlouquecer, intuía desde pequena, era perder o contato consigo mesma, algo que ela considerava uma perda tão monumental que era preciso medir esforços para que nunca acontecesse.

E por isso mesmo se valia de suas ideias de amor. Amar não era apenas a forma que enxergava para se conectar com alguém e fazer transbordar tudo que tinha dentro de si, era também a saída de emergência, a transição de uma realidade vivida para uma realidade sonhada, por certo, mas ainda que apenas delineada em pensamentos através de linhas de esboço, era na outra vida, a desconhecida, que se poderia moldar o futuro-argila com as ambas as mãos.

Jorge surgiu quando Romeu e Vládia compreenderam que no entendimento de ambos, amor era o sossego que não tinham como ver nascer, apesar do sentimento solar que iluminavam para dentro de si. A família de Romeu precisava dele, e para que suas obrigações se cumprissem, seu caminho era a estrada da ausência. Vládia não se via criando filhos e tomando conta de casa sozinha, sem comunicação com o marido a não ser quando ele voltasse e visse a mulher de braços abertos, cama com sede voraz, para passar dias pequenos, curtos para a dimensão dos outros tantos, quando ele não estaria.

Não se entregou a Jorge para esquecer Romeu. Vládia sempre quis ter filhos, uma família onde pudesse ser ela mesma todos os dias. E Jorge era um homem bom, que a amava profundamente; desde o dia primeiro, como se isso fosse possível. Foi com ele que Vládia compreendeu que amor também se aprende. E a amar, e a não violentar seus sonhos, o que teria acontecido se ela não buscasse o exercício do aprendizado amoroso ao lado de Jorge.

Romeu conheceu Norma durante suas viagens. Era uma das fornecedoras para os armazéns de seus pais. Nascera alguns anos antes dele, e desde criança se fizera talhada para o trabalho, sua inquietude a fez crescer resolvida a ser mulher livre, e por isso mesmo sentiu-se à vontade para atender ao chamado do amor quando ele a abraçou de surpresa. Soube de Romeu a única modalidade de amor possível, e se adequou a ele como se nunca tivesse desejado outra coisa. Não precisava de homem por perto, a não ser os que ela comandava com força nos galpões e almoxarifados que possuía e a partir do qual fazia seus negócios prosperarem.

Romeu e Norma amaram-se o amor possível. Reconheciam em si e um no outro a tangibilidade do que construíam juntos. Os filhos que tiveram vieram ao galope do tempo, e como ele, foram crescendo sem determinação lógica de existência, transformavam-se de crianças a adolescentes e adultos porque assim era o curso natural das coisas; a depender do olhar observador de seus pais, teriam ficado presos na primeira infância, que viram por força do nascer, todo o resto tendo sido sumariamente ignorado pela imaterial dobradura dos dias que os impelia a todos adiante.

Romeu casou com Norma e Vládia casou com Jorge no mesmo ano, embora não soubessem disso. A história poderia ter acabado aí.
Mas não.

Todas as vezes que Vládia saía de casa tinha como certo o destino de que voltaria a rever Romeu. Era um hábito pueril, como o de andar na calçada sem pisar nas linhas que separavam as cerâmicas, ou o de contar quantos passos dava de um lugar a outro, coisas que fazia para privar o pensamento de se desviar para outras. Então, aconteceu.
Foi sozinha que se dirigiu ao aeroporto, porque ninguém quisera ir com ela para o casamento do irmão. O motorista a deixou na área de embarque e desembarque do Pinto Martins cedo demais. Mas Vládia sabia que a empresa do marido precisaria dele mais tarde, de modo que decidiu-se por ir bem antes do necessário. Era até bom, pensou. Daria tempo de almoçar com calma antes de ir para a sala de embarque. Prato na mão, escolheu sentar-se numa mesa pequena, no canto e por trás de uma coluna. Talvez exista algum deus que determine os encontros impossíveis, ou uma entidade qualquer que aguce o faro de amores com a força de diques indestrutíveis, o certo é que Posso me sentar aqui?, perguntou a voz inolvidável. Vládia olhou para cima como quem protege o rosto diante de grande luminosidade. Em nenhum outro lugar seria possível, disse a mulher que não sabia dizer coisas bonitas, num pequeno momento de desdizer. Romeu colocou por cima da mesa as suas mãos, num convite que Vládia aceitou. As mãos se entrelaçavam e se sentiam e se aqueciam e se queriam de um modo tal que não paravam quietas, os dedos pequenas cobras buscando abrigo escuro

e úmido. Os olhares se perdiam, mergulhados, as bocas escancaradas em tal estupefação que só o toque das mãos equilibrava essa menina matreira dançando na corda chamada saudade. Fizeram amor através desse mesmo toque essencial, os pelos dos braços eriçados, sem dizer palavra, apenas soltando breves gemidos audíveis um para o outro somente, eles que já tanto se reconheciam, durante o instante que durou o que pareciam ter ido ali para fazer. Os corpos suavam como se diante de um calor agreste. O prato de comida, completamente esquecido. Eram outras fomes, agora. Fizeram amor. Fizeram-se amor. E nunca mais se desfizeram.

Sabiam que a medida do amor era jamais transformá-lo em súplica. Por isso que agora, quase quatro décadas depois daquele encontro, viviam o mesmo sentimento, sem os fragores e fulgores de outrora. Nada diminuíra, a não ser a quantidade de anos que ainda tinham pela frente. Mas que importava?

Romeu já não voava mais como antigamente. Vendera a empresa da família anos atrás e hoje fazia um único voo certo anual: o que lhe concedia o direito de esperar quatro horas até pegar o próximo, tempo de ver sua amada. Uma das filhas certa vez perguntou, Papai, por que o senhor não faz escala no Recife? O senhor ficaria por lá menos de uma hora antes de vir até aqui. Ele apenas sorriu, dizendo, Ficar nem sempre quer dizer permanecer. Mas no meu caso, sim. Vou para o Pinto Martins porque permaneço fazendo o que meu coração deseja.

O lugar de Vládia, como o do seu amor, sempre fora no solo. Hoje, se arrumava inteira como sabia que Romeu gostava e como sabia que gostava de si: como a quase menina que um dia aceitara Jorge em sua vida quando ainda tinha no corpo os cheiros e as vontades de Romeu.

Tantas foram as vezes que Romeu contou sobre seu amor por Vládia e como ele chegou até Norma que ela passou a ser um membro espectral da família. Vládia não contara tantas vezes a mesma história para Jorge, mas ele sabia, e compreendia que amar é um sentimento sem rédea e sem régua: sabia-se amado, e isso lhe bastava. Nunca perguntou para ela nem para os motoristas, ao longo de todos aqueles anos, para onde é que ela ia durante aquela meia dúzia de horas em que se ausentava de casa arrumada e perfumada para ser presença em algum outro lugar, que só existia como imagem onírica em sua mente – e ele não queria que fosse de outra maneira. Era consciencioso o suficiente para não romper delicada pele, inclusive porque o que poderia haver sob ela guardava tons por demais incognoscíveis.

Assim, todos os anos, o ritual se perfazia como uma dádiva. Encontravam-se sempre no mesmo dia e horário, sem falhar. Aguentavam os outros trezentos e sessenta e quatro dias do ano no mais guardado silêncio, quando então tinham quatro horas para quebrá-lo. Àquela altura, a cada ano se tornava um pouco mais difícil, a vida torna o corpo uma casa arruinada. Você continua a fumar, foi a primeira coisa que ele notou quando sentiu suas mãos sobre a mesa dessa vez, dedos longos e finos, com a pele ficando mais e mais enrugada a cada ano, pequenos traços nas pontas se formando juntos às unhas, como afluentes abertos em direção a um rio. Agora, ele notava, sua Vládia tinha dedos de cigarro, as pontas levemente amareladas por conta dos componentes do seu vício, camadas de delicada tinta disfarçando imperfeições nas unhas. Não é que justifique, mas você sabe quando comecei a fumar, ela disse, com um meio sorriso. Ora, dessa idade e quer me acusar por seus delitos. Vládia recostou na cadeira ao lado a bengala de apoio que usava desde que uma queda em casa lhe deixou relativamente insegura para caminhar sozinha. Ainda com as mãos segurando as de Romeu sobre a mesa, disse, Esse ano perdi um de meus filhos, meu amor. O cigarro me ajudou a enfrentar o medo que eu tive de ir para o mesmo abismo onde se enfiou seu carro. E você sabe que de mim falo apenas para ti e para Jorge. Nunca fui boa com as palavras, psicanálise nunca foi uma opção. Eu não saberia o que dizer deitada olhando para um teto. Então, faço de mim o que a vida faz conosco: morro-me um pouco todos os dias. Romeu suspirou com vagar. O meu inferno é viver na ignorância de ti e só saber entre um avião e outro, Vládia. Ela apertou suas mãos um pouco mais antes de dizer, Ambos sabemos por que fazemos isso, não sabemos? A caminho dos 80 anos, se nos falássemos sempre eu ainda seria capaz de fazer uma última mala para viver contigo. Sei que você me receberia com um sorriso todo ele uma plantação de girassóis. Ainda mais agora, que Norma caminha em um outro lugar e seus filhos, como os meus, abrem suas próprias estradas. E nada disso seria justo com Jorge, a quem também amo com lucidez, afirmou. Qual o sabor de amar com a Razão?, quis saber Romeu. Não me faça perguntas tolas, ou vou achar que das próximas vezes teremos de nos ver com uma cuidadora ao seu lado. É como você perguntar o gosto de sapoti a quem nunca o comeu. Não há resposta possível para quem só poderia vislumbrar uma baseando-se em abstrata hipótese. Como você sabe de que maneira amei Norma?, inquiriu Romeu. Eu capturava pelo seu olhar,

Romeu. Sei que era um amor diferente do que você sente por mim, mas havia um amor shakeasperiano na relação que mantinham. Você dizia que Norma rimava com rosa, e às vezes a chamava de minha rosa, e pela voz eu sentia que era como se você a colhesse. Depois que ela se foi, vejo esse olhar quando seus olhos mergulham nos meus. Ainda aqueles olhos dos jovens amantes que fomos.

Fizeram silêncio e, conectados pelos dedos, cada um ao seu modo refez o caminho da nostalgia de tempos pretéritos. Eram tantas vidas vividas que se buscarem sempre fazia parecer também uma maneira de se fortalecerem, para não transformarem a existência em um catálogo de perdas, que percebiam vir aumentando ano seguido de ano, até que inevitavelmente seria a vez de um deles também.

Quando Romeu abriu os olhos, os de Vládia ainda estavam fechados. Ele concentrou-se em ouvir, no meio do burburinho ao redor, a respiração pesada da mulher cujo amor determinou o destino de sua existência. Sentiu o mesmo medo que sentia a cada ano, sentimento que se dissipou quando ouviu chamarem seu nome. Era hora.

Chegaria o momento em que, no dia do encontro, um deles dois aguardaria o outro em vão, e passaria horas fazendo companhia apenas a si mesmo. Sem e-mail, telefone, ou qualquer outro aparato tecnológico, jamais saberiam se o ser amado havia partido ou estava acamado, e era isso que fortaleceria um dos dois lados a ir novamente ao encontro no ano seguinte. Até que, três ou quatro anos depois, o lado persistente também se veria impedido de ir, quando então a separação dos amores que se fazem eternos seria inevitável.

Mas por enquanto, não. Por enquanto ainda tinham um ao outro, e seguiriam tendo por alguns encontros mais. E por menores que as horas parecessem a cada ano, a cada dar-se de mãos sentiam como se tivessem toda uma vida diante de si.

Porque tinham um ao outro, mantinham acesa a chama da ilusão de que também tinham tempo.

Nadar na piscina das crianças

Quem visse a risada solta de Julia e seu sorriso franco não imaginaria que depois de doze anos de casada, dois filhos, uma relação construída de maneira sólida e feliz entre algumas infelicidades, ela fosse chegar até mim para dizer que queria se matar e que precisava do meu apoio.
Eu sou o marido da Julia.

Ela não segurava as minhas mãos quando fez o pedido, não estava chorosa, nem tinha o olhar vago e perdido olhando para o nada atrás de mim, com medo de que nossos olhos se encontrassem e eu a visse tomada pela vergonha. Era a Julia de sempre, me encarando com aquelas íris castanhas que eu conhecia tão bem, durante um jantar para o qual me convidara numa sexta à noite. Tínhamos o hábito de sair aos finais de semana, mas sempre no sábado ou domingo, nunca na sexta porque ela trabalhava muito cedo no sábado. E apesar do dia atípico, não reconheci um único sinal. Havíamos feito planos para um terceiro filho e minha ingenuidade paternal fez a leitura de uma promessa para a noite, nada de mais. E no entanto, me peguei ouvindo minha esposa, a quem eu conhecia há mais de quinze anos e com quem achava que iria viver junto por pelo menos mais outros trinta, dizendo que queria tirar a própria vida, mas que não o faria de forma súbita: achava que era uma covardia extra para uma atitude que em geral já era encarada pelos que ficam como um ato covarde.

Foram as minhas mãos que procuraram as dela sobre a mesa, as minhas pernas que tentaram prender as suas por baixo, como se fazer aquilo fosse impedi-la de fugir para um destino diferente do que eu imaginara para nós. Meus olhos percorriam o restaurante charmoso, com uma música de fundo elegante, luz indireta e um serviço que prezava pela excelência como se não acreditassem nas coisas que podiam testemunhar diante de tanta beleza. Inicialmente, eu sorri, como se Julia tivesse dito alguma brincadeira, apesar da urgência do meu corpo se agarrando ao dela ser um apelo incondizente com um sorriso, tentativa de esconder algo que eu já antevia: o pedido era sincero. Perguntei se ela havia descoberto alguma doença, e ela me disse que não por cima da minha fala, no momento em que eu dizia que se fosse o caso iríamos tratar e ela me teria ao seu lado como tivera durante todos aqueles anos, concluí mesmo assim. Você está deprimida, infeliz?, perguntei, dando a ela opções para me contar o que atravessava seus sentimentos. Ouvi novamente um não como resposta.

Poucos meses depois que conheci Julia reparei na melancolia em seu olhar. Quem também mergulha em águas profundas reconhece no outro os seus próprios abismos. Mas nunca conversei a respeito. Deduzi que, assim como eu, ela passava por aquilo que desconhecia tateando, como quem almeja enxergar com os olhos possíveis algo que não diz respeito ao olhar. Nunca fui aquele garoto típico que vive uma existência prosaica de jogar bola na rua, conversar sobre as descobertas da sexualidade com os meninos da sala, fantasiar os medos do abandono pelos pais. Era como se eu observasse a minha vida de fora de mim mesmo, numa oscilação entre assombro e perplexidade. Eu sentia um não caber na vida, sempre me vi como um ser diminuto, de importância ínfima, para algo imensamente maior do que eu. Os questionamentos sobre a minha própria existência não tardaram, e eram de toda ordem. Para além disso, havia as cobranças de membros da família, de colegas de escola, dos adultos em geral, Esse menino não participa do que todos os outros fazem por quê? Na adolescência, o caminho era a culpa: você vai envelhecer e vai se arrepender por não ter feito todas essas coisas de garotos da sua idade. Ocorre que eu não me sentia impelido para as "coisas de garotos" da minha idade. Era como se eu tivesse nascido inapto, sem uma habilidade que todos deveriam ter desde o primeiro momento nesse mundo. Era como se respirar não fosse em mim um movimento involuntário e, por isso, eu me visse de forma desajustada às pessoas no mundo, num distanciamento crescente.

Os livros salvaram-me. Os livros e uma ou outra pessoa que conheci ao longo dos anos e que conseguia compreender-me, ainda que ocasionalmente essas pessoas levassem a vida que os outros achavam que eu deveria levar. Os dias iam e vinham fora de foco, mas eu nunca considerei minha forma peculiar de enxergar a vida como uma razão para me retirar dela. E eu reparei nisso porque tinha sonhos, desejos, que se somavam uns aos outros. Se sonhos não morrem, quem os alimenta almeja-se vivo.

Diferente de Julia, soube àquele dia. Minha esposa, aos 38 anos, compreendeu que a vida não é isso tudo, e pelo que entendi vinha deixando seus sonhos morrerem. Acredite, Solon, não é sem um tanto de culpa. Andei lendo sobre filhos de mães suicidas, e sei que o estrago pode ser devastador. Mas enxergo em você o pai que os tornará adultos muito melhores do que eu poderia ajudar a sê-los como mãe. E nem me refiro a uma complementaridade de papéis. Eles serão indivíduos bons, por causa de você e apesar de mim, ela disse. Mas eu não quero que seja assim. Concordamos em criá-los juntos, repliquei, sabendo que estava a dizer uma bobagem ao impor a ela uma espécie de cláusula de contrato. Meu amor, entenda: viver está no seu querer, não no meu, que já nem sei onde buscar o horizonte. Toda eu sou cenário de guerra por dentro, e por fora, dono das fábricas de armas que lucram com esta mesma guerra. Sair da vida é não só a minha trégua, o erguer de uma bandeira branca, é a bomba lançada de cima e que acaba com tudo.

"Acaba com tudo" foi o que ficou reverberando em mim daquelas palavras.

Quando ela retornou do trabalho no sábado, por volta de meio-dia, eu já era outro. Ela havia me dito, na noite anterior, que desejava escrever uma longa carta de despedida para as crianças não para tentar se justificar, mas como um legado para o qual elas pudessem recorrer sempre que quisessem sentir a presença da mãe. Nenhuma menção ao suicídio seria feita, portanto, seria quase como se ela tivesse tido de ir, de forma compulsória e inequívoca, atender a um chamado. Segundo tudo o que me dissera, era precisamente o que iria fazer, de certa forma.

Vi que ela estava em seu escritório, bati à porta e entrei. No dia anterior eu havia refutado em absoluto a ideia de ajudá-la a redigir uma carta de despedida. Depois de uma noite de nenhum sono e muito pensar, convenci-me de que eu deveria fazê-lo. Não era justo que eu privasse nossos filhos das palavras de sua própria mãe. Vim ajudá-la a escrever o documento, eu disse de forma enigmática, porque as crianças podiam naturalmente se materializar em qualquer lugar da casa. Julia voltou-se para mim e sorriu, e pelo fragmento de um segundo, ousei acreditar que eu havia delirado tudo aquilo. Pois sente-se aqui ao meu lado, ela disse, convocando minha ingenuidade para a terra arrasada que ela era.

O que Julia queria na verdade era que eu a ajudasse a inventariar o que poderia ser importante deixar registrado, e assim o fizemos. Vasculhamos nossa própria história, a dela, nos divertimos e nos emocionamos como se fôssemos filhos de famílias que haviam prometido casar seus filhos e agora eles precisassem ou desejassem fazer um curso intensivo para se conhecerem antes da cerimônia. Éramos novamente os jovens que se conheceram numa época em que, para nós, o mundo parecia outro muito porque *nós* éramos outros, nossos corpos eram outros, a intensidade das descobertas nos atingiam de uma outra maneira, na construção da nau que nos tornamos, lançadas ao mar. E quem diria que o desbravamento que fizemos iria dar nisso, eu disse para minha esposa com lágrimas nos olhos, enquanto cheirava os seus cabelos. Não seja tolo, Solon, ela disse. Fizemos da vida uma festa tão bonita.

Todo o sentimento de não pertença continuava lá, vivo em seus olhos. E se o olhar transparece, pensei, é porque tomava todo o seu corpo, como uma metástase.

Deixamos as crianças na casa dos avós e fomos para um hotel à beira da praia passar o fim de semana juntos, como qualquer casal que precisa de um fôlego longe dos filhos pequenos. Exceto que aquele era o fim de semana que Julia havia decidido abdicar de si, e não queria fazê-lo em casa, não desejava macular o lugar no mundo que estava impregnado de sua presença e que tinham como referência para tantas outras.

O roteiro havia sido discutido com bastante antecedência. Eu iria caminhar pela praia, me banhar no mar. Passaria por todas as câmeras de vigilância possíveis sem olhar para nenhuma delas, apenas ciente de que elas estavam lá – para que eu não me tornasse suspeito imediato de um assassinato –, enquanto Julia retiraria a pistola da mala, iria para o banheiro e, com o gatilho destravado, procuraria o peito com o bico da arma, daria em si o tiro fatal e ficaria morta dentro da banheira vazia até que eu a encontrasse.

Todo o meu corpo estremecia dentro das águas do mar com a perspectiva de encontrar minha amada Julia morta dali a poucos minutos. O estampido do tiro ressoava em minha cabeça o tempo todo, como se eu pudesse ouvi-lo. Na verdade, a cada tiro imaginário, era como se ela matasse algo em minha vida. Disse a mim mesmo o que eu disse tantas vezes para a Julia desde a sexta-feira em que fui comunicado sobre sua decisão: por amor, eu aceito te perder para si mesma. Eu repetia essa frase como um mantra. Foi por amor, Julia, então não posso culpá-la. Nem a mim.

Apesar da idade – Marisa estava com oito anos e Heitor com seis –, nenhum dos nossos dois filhos era o tipo de criança difícil de lidar. Mas era preciso dizer-lhes que eles nunca mais veriam sua mãe. Eu contei a eles sozinho, no quarto onde eu dormia com ela e onde tantas vezes brincávamos, os quatro, em cima da cama, deitados, fazendo cócegas e rindo como se a vida fosse durar para sempre, sem motivo algum para imaginar que tudo poderia ser abreviado num curto instante.

    Heitor não chorou de imediato, mas quando viu a irmã chorar aos berros compreendeu o que talvez, em princípio, tenha pensado não ter compreendido. Ficou entre todos nós o buraco da ausência, que deixamos ser preenchido pelas nossas lágrimas. Jamais represar um sentimento, foi o que ensinei-lhes desde muito pequenos. Nunca tive dúvida de que eles houvessem aprendido.

    Há alguns anos eu vinha alimentando o desejo de construir no quintal da nossa casa uma piscina, mas me desencorajava mais à medida em que o tempo passava, apesar dos insistentes pedidos das crianças. No ano em que Julia morreu, Marisa me cobrou uma vez mais, Também não vai ter piscina esse ano, papai? Eu disse que não, mas comprei para eles uma piscina de plástico, dessas que se enchem com torneira e mangueira, e vê-los brincando novamente me fez ter a certeza de que, passadas as festividades de ano-novo, eu iria mandar construir a piscina que eu e Julia tantas vezes havíamos projetado e desistido de última hora.

    Vesti um short, peguei uma mangueira e fiquei ali com meus filhos, que se divertiam em meio àquela água toda. Entra, papai. Vem aqui brincar com a gente, pediu Heitor. Mas eu não cabia ali, e disse isso a eles. Passei mais um tempo do lado de fora, esguichando água em seus corpos minúsculos. Eu não caibo mais aqui, pensei. Lembro de ter pensado, num átimo de segundo qualquer, que se os filhos não existissem era também o meu momento de abandonar tudo como estava. Pensei Como seria bom se as crianças se afogassem e eu pudesse ficar sozinho e fazer o que eu gostaria de fazer, sem medo nem culpa, só para depois me punir por pensar na morte dos meus filhos.

Julia vinha se tornando uma lembrança que eu não queria deixar morrer. De vez em quando eu ia até a longa carta que ela deixou e lia um trecho, que depois eu reproduzia para Marisa e Heitor com minhas próprias palavras. Eu queria que eles lessem as palavras exatas de Julia quando tivessem maturidade para isso. Às vezes, íamos para a piscina de plástico e eles ficavam lá apenas por gostar tanto de água, como se ela os protegesse, e faziam perguntas sobre a mãe. De vez em quando ainda insistiam para que eu entrasse e ficasse com elas. Olhem o tamanho do papai! Não estão vendo que não há condições de nos caber os três numa piscina desse tamanho? Mas a gente pode ficar só sentados um do lado do outro conversando, papai, disse Marisa. Heitor balançou a cabeça para cima e para baixo, concordando.

No ano seguinte, mandei construir uma piscina que nos coubesse a todos.

Bruto chão do querer

Eudora, que perdeu o amor do filho sem acreditar que havia qualquer chance de recuperá-lo, acordou decidida a visitá-lo depois de meses de ponderação.

Todo processo de perda é uma construção, e ela sabia disso. Foi assim com o marido, que acabou o casamento para ir morar com uma mulher que não necessariamente o fazia mais feliz, Mas é que às vezes é preciso trocar de infelicidade ao menos para arriscar-se, ter a certeza do que é melhor ou pior para si e arcar com as consequências, ele havia dito a ela antes de sair de casa pela última vez, pequena mala na mão, poucos pertences. Não que não tivesse o que retirar de dentro da casa onde conviveu com ela por quase quarenta anos. Se era de recomeçar depois dos sessenta, que fosse sem o cheiro rançoso de objetos há tanto tempo acumulando passado.

Depois do divórcio, Eudora achou que o filho daria mais atenção a ela. Era uma questão de humanidade, pensava. Ela estaria sozinha num apartamento enorme onde ele mesmo morara depois de passar uma época fora do país, portanto, ele sabia o que significava habitar aquele espaço sem conviver com mais ninguém. Apesar disso, Dário sumiu. Não atendia telefonemas, não respondia e-mails e aparentemente não tinha WhatsApp. Era como se ele tivesse sido mais um aborto dentre os tantos que teve antes dele finalmente ser concebido e de conseguir levar uma gestação até o fim. Nas noites mais solitárias, sonhava que nunca havia sido mãe, e acordava ora aliviada, ora perturbada com o significado daquelas imagens em que a ausência da maternidade se tornava tão palpável.

A culpa a trazia de volta para uma espécie de fé, ainda que cambaleante. Nunca mudou o número do telefone nem se mudou para um apartamento menor, mais fácil de limpar e organizar, como às vezes pensava em fazer. O caminho para o reencontro precisaria ser o mesmo tantas vezes percorrido.

Então, o paradeiro do filho lhe surgiu como um aviso: Dário Castro de Almeida é seu filho? É, ela disse fechando os olhos, uma tragédia na iminência de acontecer na próxima vez que a pessoa do outro lado da linha dissesse alguma coisa. Depois de tantos anos sem qualquer notícia, a informação de que ele estava morto. Mas não. Do outro lado, a pessoa disse ser de uma clínica de reabilitação, onde ele havia se internado por vontade própria. Ele disse de quem era filho – era preciso dizê-lo na ficha de admissão – alguém na clínica achou por bem anunciar a ela a chegada do rapaz por lá. Ela quase sorriu: um anjo às avessas, soando as trombetas para dizer-lhe que estivesse preparada.

Ela não estava. Assim como não esteve quando os holofotes deixaram de ficar sobre ela, pouco mais de uma década atrás. Por outro lado sabia que se tivesse agora a mesma visibilidade que tinha nos seus tempos de apresentadora de TV, ter sido deixada pelo marido e abandonada pelo filho teria transformado sua vida numa exaustiva luta para escapar de fotos clandestinas e microfones que se materializariam na sua frente como que por mágica. Naquela época, sofreu todas as fases: primeiro, a dos fãs perguntando quando ela voltaria à televisão, depois, quando esses fãs foram se tornando mais exíguos e nenhum convite que ela julgasse à sua altura apareceu, o sentimento de derrota se apossou do seu corpo, como um veneno. Não queria mais sair de casa, com medo de não ser reconhecida. Foi nesse trânsito de sensações que seu marido a deixou, e a sanidade que restou tornou-a inexata. No limite da loucura, decidiu lutar contra o próprio ego. Ela tinha como viver o resto dos seus dias com o que acumulara. Sempre houvera uma sabedoria qualquer que nunca desistira dela. Aos poucos, tornou-se ela mesma, mas numa outra. Viveu dias de esbórnia, era de uma tal juventude que transbordava. Quem a via achava que ela havia encontrado a fórmula da vida eterna, para os que gostariam de viver para sempre, ou a fórmula para viver sem qualquer mágoa com o passado ou culpa, para os que achavam que a vida a ser percebida era apenas essa, sem promessa de estrada de tijolos amarelos, que dirá paraíso. Só de vez em quando lembrava que um dia havia tido um filho e um marido, aos quais dedicou-se durante anos na arte profilática do amor lapidar.

No dia em que Eudora se deu conta de que não amava mais o filho, porém, já havia há muito sido abandonada por ele. Aperceber-se da ausência do amor não encerrava o assunto dentro de si. Ao contrário, parecia expandi-lo a um algo disforme e sem nome, e esse sentimento trazia em si a rebeldia inerente à desobediência que ela era capaz de reconhecer em si, num martelar infinito, obra de duzentos andares a progredir dia e noite, sem qualquer paz possível.

Ainda assim o orgulho. O estoicismo que não era apenas uma máscara, era do caráter do que não se diz em voz alta com medo do que vai causar nos que poderão ouvir. Isso até que a fragilidade se colocou adiante, como prova concreta da finitude num futuro que contaminava o presente: de acordo com os cálculos médicos, de seis a oito meses. Eudora havia sorrido diante da notícia: novamente, lembrou-se que, tendo sido esquecida, poderia caminhar por onde quisesse com seu câncer sem ser incomodada, poderia continuar indo à farmácia de havaianas e ao supermercado com a sobrancelha por fazer. O médico diante dela, no outro lado da mesa, Está tudo bem?, quis saber. Nunca havia visto alguém sorrir diante de uma notícia que à maioria das pessoas lhes arrebentaria no colo como um explosivo. Talvez fosse um surto. Está tudo bem, doutor. Eu estou livre. Logo mais estarei completamente livre. Não posso me prender à vida por vontade, porque só conseguiria isso através do amor e não há amor em mim. Vai ser ruim sentir dor lá no final de tudo, na última esquina, mas dane-se, nada há de incomodar tanto quanto carregar um peso morto, que é o que eu sou a partir de agora.

Achou por bem ir até Dário. Ligou antes para saber se ele ainda estava internado. Está, disse a mulher do outro lado da linha. O tratamento dele é prolongado, mais de um ano. Pensou que, se os médicos estivessem certos, o filho sairia da clínica um pouco antes dela sucumbir ao câncer. Embora apenas desconfiasse, mas ignorando a real dimensão do problema, a maior parte dos seus órgãos já vinham sendo mortalmente corroídos pela doença que, contando a partir daquele dia, deixaria que ela vivesse apenas mais cinquenta e oito dias. Em qual desses horários a senhora pretende vir?, perguntou a atendente, retirando-a do seu futuro inexistente. Eudora pediu para que ela repetisse, o que ela fez sem mostrar qualquer chateação. Talvez ela soubesse com quem estava falando? Será que a moça iria lhe pedir um autógrafo? Nesse caso, era melhor levar uma caneta bonitinha, tinha horror a escrever seu nome usando caneta Bic. Escolheu um horário pela manhã, quando o sol era mais fraco. Não queria manchar sua pele.

Chegou à clínica de táxi porque certas coisas não se fazem com testemunhas. Identificou-se retirando os óculos escuros do rosto. A recepcionista – seria a mesma? – não fez menção de ter ligado o rosto ao nome, e ela achou que era parte do treinamento que recebiam. Um homem alto e bem vestido apareceu, disse seu nome e informou que iria levá-la ao seu filho. Eudora o seguiu a passos lentos. Observava o lugar como quem analisa um imóvel com interesse de compra. A clínica parecia um spa, muito semelhante aos que ela costumava passar seu tempo nas folgas que tinha da televisão e cujas diárias recebia em troca de merchandising.

Eudora reconheceu o corpo longilíneo do filho estirado sobre uma cadeira, tomando sol, antes mesmo de ser possível identificar seu rosto. Sentiu-se sorrir, embora o rosto não tenha esboçado qualquer expressão. Em seguida, pensou: Será que não a haviam anunciado a ele, uma vez que ele continuava lagarteando ao sol como se não fosse receber ninguém? Por esses misteriosos meandros que as sinapses percorrem, Eudora lembrou-se de uma discussão que tiveram pouco antes dele deixar de dar notícia: Você pra mim é ninguém, ele havia dito. Continuava sendo.

Aproximou-se dele com o receio de que o calor do seu corpo a derretesse. Hesitou diante de um beijo no rosto, que começou a inclinar o corpo para dar, mas recuou. Como vai, meu filho? Dário não respondeu de imediato. Estou precisando fugir dos desastres, disse então. Eudora sentiu o impacto, atingida de surpresa. Ainda teria coragem de comunicar-lhe o que fora ali para dizer? Naqueles quatro segundos em que ficou parada diante do filho antes de dizer sua próxima frase – era preciso falar alguma coisa –, avaliou que viera por si. Dizer a ele que em breve não teria mais mãe era uma atitude que faria por ela mesma, não por ele. Era a sua maneira de morrer em paz. Me dê um abraço, disse, estirando os braços como se não soubesse bem o que fazer com eles em seguida. Dário ficou parado, passivo. Em outros tempos ela teria sido rejeitada, agora, entendia o gesto como um obrigado-por-ter-vindo, que-bom-que-você-está-aqui. Desde muito pequeno Dário identificara a inabilidade da mulher a quem deveria chamar de mãe para ser mãe, o que ficava muito claro a cada vez que ela saía para trabalhar sem se despedir, a cada desculpa que inventava para não ter que voltar cedo pra casa, pela sua alma agreste e postura de cacto. Assim que cresceu e pôde entender o trabalho da mãe não conseguia acreditar que a mulher afável e afetuosa, que recebia a todos com um carisma inegável, não conseguia transpor nada daquilo para além dos estúdios. E no entanto não nutriu raiva pela mãe, por quem demonstrava amor em todas as entrevistas que deu, desde os primeiros anos em que começou a ser estimulado por ela a falar com a imprensa. Tinha raiva, se é que se podia dizer isso, de si mesmo, pelo tempo que passou a dizer coisas que não sentia. Foi quando compreendeu que não havia amor realizável entre eles que resolveu ser sincero pela primeira vez e deixar de existir para ela. Estava cansado de fazer caridade, e seu juízo não era prostíbulo. Quer chá?, foi a única coisa que lhe ocorreu dizer. Se não for lhe incomodar, ela disse, ainda que não morresse de amor por chá. Não sou eu quem vou fazer, vou apenas solicitar. Vamos para o meu quarto, eles não entregam bebidas aqui.

Assim que ela chegou na região onde ficavam os apartamentos das pessoas em recuperação ela entendeu por quê. O trânsito de funcionários nos corredores era ininterrupto. Do lado de fora, num espaço tão aberto, era difícil manter um controle mais rígido. Eudora notou que o apartamento era amplo e decorado com bom gosto. Em nada lembrava que, naquele lugar, existiria alguma coisa que não fosse a casa de quem o habitava. Dário pegou o telefone e discou um número. Perguntou a mãe se ela preferia, talvez, um suco. Ele ia beber um chá de hibisco. Ela disse que tomaria um chá junto com ele. Ele puxou uma cadeira e sentou-se. Pediu à mãe que sentasse na poltrona, mais confortável. Por que você resolveu vir me visitar?, foram as suas primeiras palavras assim que sentou. Fazia tanto tempo que eu não lhe via... – Eudora desconversou. Mas eu já estou aqui há três meses. Antes desse tempo já fazia anos que não nos víamos. Por que agora? Eudora abriu a bolsa e pegou um maço de cigarro. Aqui não é permitido fumar, mãe. Mais do que a forma dura como as palavras saíram, era quase inacreditável que ele a tivesse chamado de mãe. Ela devolveu o cigarro para a bolsa, dizendo, É claro. Onde eu estou com a cabeça, meu Deus... Você sabe que eu tento parar há anos, mas não consigo. Seu pai me colocou nesse caminho, eu odiava cigarro antes dele. Mas com a escalada no número de horas que eu precisava trabalhar fui me tornando ansiosa e o cigarro se tornou a válvula de escape perfeita. Que merda. Mas agora não adianta culpar ninguém, evidentemente. Eu estou achando você tão bem para estar num lugar desses... E eu estou achando você tão mal para não estar, rebateu Dário. Eudora compreendeu que se não tivesse cuidado com as palavras os atritos seriam inevitáveis. Desculpe, mas não precisa ser tão grosseiro comigo, Eudora disse, com os olhos no chão. Notou que era de um estilo de madeira moderna, bonita e mantido muito limpo. Autenticidade é uma característica minha que eu lhe dou de presente, replicou Dário.

As duas xícaras de chá foram anunciadas por uma mulher num uniforme branco com azul escuro, cabelo bem amarrado no alto da cabeça, sorriso breve. Deixou a bandeja num lugar que parecia feito para recebê-la e retirou-se. Dário pegou uma das xícaras e entregou para a mãe, que tomou um gole sem esboçar reação. E onde está Danielle, aquela menina que você namorava no tempo em que morava comigo? Casamos, depois nos separamos, voltamos, tivemos um filho, voltamos a nos separar e meu filho ficou com a mãe da Danielle por determinação da justiça. Eudora calculou que a nora também deveria estar ali em algum lugar. E onde está ela agora? Enterrada, disse Dário, e calou-se. Era preciso respeitar esse silêncio. Por quais dores seu filho teria passado todo aquele tempo em que não se viram? Ela jamais saberia. De repente se deu conta de que também desconhecia as dores que ele atravessara *enquanto* viviam juntos, enquanto ele crescia, e essas permaneceriam tão insondáveis quanto as mais recentes. Havia alguma coisa semelhante ao desespero querendo se formar dentro dela. Não poderia se deixar levar. Continuo a morar sozinha naquele apartamento enorme. Imagine que até as minhas irmãs deixaram de me visitar. O fim de semana chega e se vai como qualquer outro dia. E pensar que antes eu esperava tanto pela visita de alguma delas... Mas também, quem vai querer visitar uma velha tagarela e demenciada como eu? Você não está demenciada, mãe. Mãe, de novo. Mesmo ela não tendo feito questão de perguntar qualquer coisa sobre o neto. Era o que ele já esperava dela, talvez? Talvez o mãe fosse apenas um vocativo como outro qualquer, que ele designava a ela por preguiça de pensar num outro? Ora, você não sabe. Esqueço de tomar meus remédios, marco consultas e se ninguém liga pra confirmar, não compareço. E na última vez que fui à farmácia comprei anticoncepcionais ao invés do meu antidepressivo, olha só onde eu fui parar! Dário sorriu, Mas isso só mostra o seu desejo incessante pela vontade de ser jovem. Nenhuma surpresa. O que me dói mais é a ausência da Nina, continuou Eudora, como se o filho não tivesse dito nada. Nina morreu? Sim, há alguns meses. Mas também... melhor assim. Quantos anos ela já tinha, uns quinze?, quis saber Dário. Dezessete. Viveu mais do que muita gente. Era uma gata adorável. Me fazia companhia como se eu fosse a melhor das pessoas. Era uma diva.

    Um homem uniformizado, também de branco e azul escuro, anunciou-se à porta. Queria saber se a senhora Eudora Castro era acompanhante e se iria dormir no local. Precisavam saber para o caso de terem de providenciar uma cama extra para o quarto. Não! Não, em absoluto, disse Eudora, repousando a xícara na bandeja ainda com um restinho de chá, que não pretendia mais tomar. O líquido esfriara e ficara com um gosto horrível. Eu sou apenas visitante e estou quase de saída. Estava delirando ou pôde ver um olhar de tristeza no rosto do filho? Dário ergueu-se da cadeira e foi dar um abraço na mãe. De repente pareceu que ele a estava expulsando, mas não iria negar o abraço que quisera dar desde o início. Sem conseguir soltá-lo, Eudora chorou. Enquanto chorava, sentia que limpava o seu peito. Ao final, separou-se dele segurando-o, uma mão em cada ombro: Escute, Dário... Eu... Ele ficara sério de novo. À espera. Era o medo que sempre tivera das surpresas da mãe, que sempre diziam respeito a ausências prolongadas, falta de tempo, viagens inesperadas. Então, ela soube. Viu tudo no rosto do filho. Respirou longa e profundamente. E disse, Eu só precisava saber como você estava.

Eudora estava tremendamente cansada. Não tinha mais força, nem coragem, para continuar ali. Deu um último beijo em seu rosto e desejou a Dário sucesso no tratamento, de forma carinhosa, mas profissional, como tantas vezes desejou o mesmo a quem ia ao seu programa para lançar um disco, um livro, um filme ou peça de teatro. Era a mesma mulher, e ali, diante dele, Dário compreendeu que ela seria exatamente aquilo até o fim. Eudora tocou seu rosto de leve, pegou a bolsa, agradeceu pelo chá e saiu do quarto. Dário foi instintivamente até o corredor, ver a mãe caminhando em direção à saída. Não havia notado o quão envelhecida ela subitamente havia se tornado, de um andar lento, olhos atentos onde pisava. Ela não olhou para trás nenhuma vez. Estava muito consciente de que era dali pra frente, e aceitava o seu futuro, sabidamente tão curto. Ambos compreenderam ali que haviam coisas sobre as quais, no fim das contas, não se deveria falar. Para quê? Quando ela dobrou num outro corredor, Dário fechou a porta com um clique, deitou-se na cama e, enquanto o sono não vinha, tentou acreditar que era melhor assim.

Haviam se dado tão pouco.

Nenhum solo a mais

Elizeu desceu do trem segurando o chapéu por conta da força do vento que a chuva trazia. Não tinha consigo um guarda-chuva, e mesmo que tivesse – calculou – seria difícil utilizá-lo sem que se quebrasse. Ajeitou o sobretudo no seu corpo e o cachecol em volta do pescoço. Em seguida pegou sua valise, na qual havia poucos pertences, e agarrou a alça com firmeza. Enquanto estivesse na plataforma estaria protegido, mas sabia que não poderia se demorar. Puxou o relógio da algibeira, olhou as horas e guardou-o: já estava quase na hora.

Havia combinado com seu empregador que chegaria bem cedo. Iam ao mercado juntos escolher os ingredientes do almoço. Embora estivesse contratado, percebeu que seu novo patrão queria ver de perto suas habilidades culinárias desde o momento inicial, antes mesmo do preparo. Queria com isso evidentemente saber de seus gostos, sua capacidade de escolher bons ingredientes, e guiá-lo por esta ou aquela preferência.

Assim que a chuva afinou desceu as escadas rumo à saída. Como imaginara, não havia ninguém à sua espera. Mais adiante, avistou um cocheiro. Achava interessante que ainda existissem charretes a conviver com carros no Brasil, mesmo já tendo se passado oito anos depois da guerra. Era de se imaginar que àquela altura, com carros sendo fabricados há tantas décadas, houvesse mais veículos motorizados pelas ruas. Mas não. Pelo menos não ali, e os que via eram todos descobertos, não queria chegar à propriedade do seu empregador completamente encharcado. Sinalizou com a mão para o cocheiro que precisaria de seus serviços. Negociaram um valor após uma conversa breve e se foram. Aparentemente, não havia segredo sobre onde ficava a residência de Walmor Sales. O cavalo seguiu por uma estrada de terra circundada por muita vegetação por quase vinte minutos, até que o cocheiro anunciou, Chegamos. Elizeu recebeu sua valise das mãos do homem, agradeceu e saltou do veículo. Olhou para a casa imensa e soltou um longo e denso suspiro. Previu que teria muito trabalho e que isso seria bom, depois de tantos anos fugindo de bombas e tiros de guerra.

Foi o próprio Walmor quem o recebeu. Eu estava ansioso pela sua chegada, disse o homem, de porte vigoroso e cabelos brancos, um sorriso no rosto. Não vamos perder tempo, vou chamar o motorista e vamos ao mercado. Conversamos no caminho.

De fato. Elizeu contou-lhe tudo que lhe achara conveniente sobre sua vida na Áustria em tempos de guerra. Walmor contou-lhe sobre sua vida atribulada como político com aspirações gigantescas e em plena ascensão. Era muito querido pela população, mas aquela era uma pequena cidade na encosta de uma serra, e sua ambição era o mundo. Elizeu apenas imprimiu ao rosto um sorriso meio constrangido. Devido a todo o contexto, a impressão que tinha era que sempre seria cedo demais para se falar em dominação mundial através de uma única liderança.

No mercado, compraram vitelos e partes nobres do gado, porco, verduras e especiarias. Não se preocupe com nada, disse Walmor. Em minha casa há uma câmara frigorífica onde toda essa carne poderá ser armazenada e conservada pelo tempo que for preciso.

Em casa, Walmor chamou Elizeu até a cozinha, onde o motorista já havia colocado tudo o que haviam comprado sobre uma imensa mesa de madeira. Aqui estão Elza, Helena e Carmélia. São elas as três cozinheiras que cuidam dos jantares, que acontecem todas as quintas na sala principal. É lá que recebo todos os meus convidados das mais diversas esferas políticas. São jantares famosos em toda a região, e espero que você comande o cardápio com uma destreza ainda maior que a do finado Coriolano, que Deus o tenha junto a Si. Eu também espero fazer um bom trabalho, senhor Sales. É para isto que estou aqui e espero desempenhar minha função a contento. Pois muito bem. Uma das cozinheiras vai lhe mostrar onde fica seu aposento. Espero que esteja de acordo com o seu gosto. Se houver algo que precise ser feito para que faça jus à sua vontade, peça para alguém me avisar. E, dizendo isso, retirou-se. Elizeu sentiu-se, por um instante, um estrangeiro. Era bom estar de volta ao Brasil, apesar das circunstâncias todas que o fizeram retornar, mas agora que o empregador o deixara só, teria que começar a interagir com as três mulheres, com a casa, com sua acomodação. De repente, os medos. De não se adaptar, de não se dar bem com as pessoas, de não agradar o paladar de quem o colocara ali, onde havia a chance de recomeçar.

Saiu por uma porta lateral e quase esbarrou em um menino magro, branco, pelo nenhum no rosto e olhar de pássaro perdido. Desculpe, disse o garoto quase ao mesmo tempo em que Elizeu também se desculpava. Ficaram dois segundos olhando atarantados um para o outro e seguiram seus caminhos. Não era caso de levar adiante com perguntas um esbarrão fortuito.

O medo é um sentimento bom, concluiu Elizeu quando via os convidados lambendo as pontas dos dedos de prazer, quinta após quinta. Começou também a compreender melhor a rotina da casa. Walmor chegava às terças, recebia seus convidados às quintas e ia para a capital no sábado pela manhã, onde montava suas estratégias políticas. Com a folga das cozinheiras, que eram todas da mesma família e moravam num povoado próximo, Elizeu ficava sozinho em casa. Pelo menos era isso o que achava até o dia em que resolveu sentar-se ao piano para executar as variações Goldberg de Bach. Começou a dedilhar o instrumento com o prazer que o gesto lhe evocava, ao sabor das lembranças que cada nota trazia para dentro de si. Ali, na imensa sala, Elizeu executava as variações de olhos fechados, deixando-se levar apenas pelo que a música lhe fazia sentir. Em sua mente, completamente esvaziada e livre, Elizeu flutuava. Estava tão longe dali que não ouviu a presença que se aproximava descendo as escadas dizer, Isso é realmente lindo. Parece que foi escrito para glorificar a Deus. Elizeu não ouviu direito, mas havia escutado o suficiente para saber que não estava ali sozinho, e quando abriu os olhos, viu o mesmo garoto no qual quase colidira no dia de sua chegada. Você é o filho do meu empregador?, disse Elizeu, ainda que soubesse a resposta. Sou. Me chamo Diego, respondeu. Então suas qualificações vão para além da cozinha?, quis saber o menino. Elizeu sorriu. Sou músico antes de ser chef de cozinha, Diego.

Com o filho do empregador em pé diante dele, Elizeu lhe contou sobre sua juventude em Viena, para onde foi por conta de um grande amor. Antes disso, na infância, cedo ainda fora estimulado pelos pais a aprender a tocar piano, e por isso não encontrou dificuldades para trabalhar na Áustria. Durante os primeiros anos foi muito difícil aprender alemão. Mas o que eu não falava através do idioma era capaz de falar pela linguagem da música. Não demorou e eu estava dando aulas no conservatório de Viena. Foi talvez a época mais bonita e feliz da minha vida. Eu dava aulas para as mais dignas damas da sociedade e os mais abastados cavalheiros. Eram todos muito gentis e pacientes comigo. Compreendi através deles que a música é capaz, como nenhuma outra arte, de dizer aquilo que ainda não se sabe, que só através dela somos capazes de investigar o que atravessa os nossos corações. Existe algo que transborda para o divino através da música, Diego, e a este algo, que não tem nome, apenas nos curvamos em sagrada reverência. O menino ficou calado um bom tempo. Então, disse, Eu sempre quis aprender a tocar piano. E o que o impede? Meu pai. Ele diz que piano deve ser tocado por moças para entretenimento durante bailes e jantares. Esse piano era de minha mãe, que morreu no meu parto, há pouco mais de dezessete anos. Escute, Diego: eu vim aqui para cozinhar. É o que faço todos os dias em que seu pai cá está, juntamente com as cozinheiras, que estão sob as minhas ordens. Mas posso muito bem mostrar-lhe a arte de tocar piano, se você quiser, sempre que a governança estiver de folga e seu pai estiver na capital, disse Elizeu. Às vezes meu pai me leva com ele. Quando eu não tiver de ir, serei com prazer seu aluno. Que assim seja, então, retomou Elizeu. Meu empregador nunca vem do Rio antes de terça, pelo que já percebi. Aos finais de semana, as aulas. Nunca mais o que se sucedeu a mim anos atrás, Diego. Durante a guerra tive de parar de tocar. Perdi muitos amigos, o conservatório fechou, fiquei sem emprego um bom tempo, vivendo da ajuda de amigos. Confesso a você que desde que a guerra acabou, esta foi a primeira vez que tive coragem de chegar perto de um piano. Então fazia oito anos que você não tocava e ainda saíram aquelas coisas lindas com as quais acordei? Ou mais, Diego, ou mais. E depois que perdi o meu amor para a violência da guerra, decidi me dedicar à culinária, outra arte que fala sem palavras. Foi com ela que me sustentei na Europa durante os anos seguintes, até que compreendi ser hora de voltar ao meu país. Foi quando seu pai soube de mim e me contratou, devido ao que ouviu a meu respeito – e por saber do meu desejo de regresso. O chef anterior, que estava com vocês há anos tinha acabado de morrer. Ele precisava de alguém para criar pratos e comandar as cozinheiras. Sente-se ao meu lado. Diego obedeceu sem questionar. Elizeu então mostrou como o piano funcionava, de onde vinham os sons, para que serviam as teclas brancas e pretas, e em seguida explicou a postura do pianista, o uso das mãos e dos pés. Em seguida começou a dedilhar brevemente um solo para que Diego acompanhasse com o olhar. Elizeu movimentava-se da direita para a esquerda, o corpo vibrante, os braços se tocando, os corpos lado a lado exalando um desejo indizível, uma vontade que só podia ser sentida. A faísca veio com o toque inevitável das mãos. As de Elizeu, grandes e fortes sobre as mãos brancas e delicadas do menino Diego. Sem rédeas, viram os corpos seguirem o rumo natural de um encaixe que culminou em um beijo. Diego colocou seus braços ao redor de Elizeu, num gesto afoito, urgente, de quem abandonou a razão. Elizeu se desligou de sua boca de súbito e ergueu-se. Sabiam para onde ir. Tiraram suas roupas num frêmito, e voltaram a se beijar, em êxtase. O restante foi música composta apenas para os ouvidos dos dois, que a ouviram atenta e longamente.

E por que você não quer ir comigo, Diego? Preciso ficar e estudar para as provas bimestrais que se aproximam, papai. E mais essa desculpa agora? Você sempre estudou para essas provas no meu apartamento no Rio de Janeiro. Me deixe ficar, papai. Estou cansado, é uma viagem desgastante, indo e vindo. Já não sou o mesmo garoto de anos anteriores. Quem o ouve falar pensa se tratar do discurso de um velho, e não de um jovem prestes a entrar no rumo de uma vida de responsabilidades. Pois muito bem. Não quer ir, não vai. Quero ver essas notas depois. Que não me apareça com algo menor que a nota máxima, esteja avisado!...

Diego estremeceu. O pai nunca fora de tais cobranças, tinha medo que agora ele estivesse a falar sério. Logo ele, que não tinha planos de mergulhar em estudo algum. Era na cozinha onde ele queria estar nesse momento, entre batidas de panelas e cortes de carne, entre temperos e planos para almoço e jantar. Só queria estar perto de Elizeu. O sábado que não chegava nunca, a eternidade do passar das horas até o encontro dos que se querem.

Mas chegou e, casa vazia, puseram-se novamente nos corpos um do outro. Naquele sábado, contudo, o medo se instalou. Enquanto descansava junto ao corpo de Elizeu, a culpa. Diego levantou-se e disse que precisava sair dali. Foi para o banheiro, onde, com a porta trancada, sentou no chão em silêncio. Com a ausência prolongada, Elizeu foi até lá e perguntou o que estava acontecendo. A resposta o atarantou, Deus vai me castigar, Elizeu. Não é isso o que ele quer para mim. Estou em pecado. Abra essa porta, por favor. Diego negou o pedido, mas acabou concedendo. Diego chorou enquanto Elizeu explicava de onde vinha a noção de um Deus punitivo, da ameaça de um lago de fogo, e explicou por que não havia nada a temer. Mas como tirar da cabeça de um garoto de quase dezoito anos toda uma construção imposta a ele desde que nasceu?

Prevaleceu o desejo sobre o medo. Que em seguida se transformou em amor. Meses depois, o que os dominava era a coragem. Que se dane o inferno, se eu posso vivenciar o meu céu é no aqui e no agora, dizia-se Diego nas cartas que escrevia sobre o amor que vivenciava. E eram muitas. Sem data, sem nomes específicos, mas repletas de detalhes. Seus sentimentos explicados a ele mesmo, ali, numa reunião de documentos que desfibrilavam seus receios e o enchiam de uma euforia que ele não viveria uma segunda vez.

Passou a não mais querer ir para o Rio de Janeiro. Por insistência paterna, para que a sociedade da capital visse seu filho e para desviar-se de suspeitas, ocasionalmente fazia a vontade do pai. Este sempre o via casmurro, triste até, quando então perguntava, Menino, o que é que tu tens? Estou cansado. Não gosto mais dessa cidade como gostava antes. Eu sei do que você gosta, disse o pai. Mas não se preocupe, quando chegarmos em casa a gente resolve isso.

Diante das palavras paternas Diego se fechava ainda mais. Sabia o que vinha quando ele dizia isso ou coisas semelhantes, e havia uma raiva misturada a repulsa que o fazia querer fugir. Chegou a propor a ideia para Elizeu. E iríamos para onde? Você sabe da minha situação, não tenho lugar de refúgio no Brasil. Sou um homem de quarenta e um anos, o que diriam a me ver caminhar para todos os lados com um garoto imberbe como tu? Não quero ser preso, Diego, já basta ter escapado do que escapei na guerra...

Elizeu não era um acovardado, e Diego sabia. Era preciso ter onde pisarem, segurança. Era preciso sobretudo tempo para conquistar essas coisas, e por isso, ele compreendeu quando Elizeu disse, Se você me perguntar se eu quero eu direi: é claro que quero. Um dia, Diego, não agora, agora é da ordem do impraticável. Decidiu-se por suportar a situação. Tinha medo, contudo, que o pai quisesse colocá-lo num avião rumo à Europa, fazer faculdade, estudos complementares. De nada adiantava o desassossego do incerto, pensou. Por enquanto, só me cabe resistir às viagens de fim de semana.

E foi com essa decisão tomada que Diego afrontou e recusou-se a ir com ele para a capital.

Walmor chegou em casa na terça, como era de hábito, e mandou chamar o filho. Venha cá, me dê um abraço, eu estava com saudades, disse o homem. Diego não entendeu a atitude do pai, mas correspondeu ao pedido. Desça daqui a duas horas para almoçar conosco, disse ele, retirando-se para a cozinha.

No sábado seguinte, Diego contou a Elizeu da atitude paterna, e disse que via o gesto com suspeição. Ficaram atentos, mas o que havia entre ambos só recrudesceu, mais quente e vívido que nunca.

Na semana seguinte, Walmor chegou em silêncio e foi direto para o quarto. Pegou a campainha na cabeceira da cama e a agitou com a mão. Uma das empregadas subiu as escadas correndo, levando, como faz todas as manhãs, uma bandeja com sucos, ovos, torradas, um jornal e a correspondência acumulada dos dias de ausência. Em seguida entrou e fechou a porta sem fazer barulho. Houve um diálogo breve, ela se retirou e bateu a porta do quarto de Diego. Seu pai quer falar com você, avisou a ele a moça de pele impecável e cabelos tranceados. Diego observou seus gestos nervosos, quase trêmulos, mas não a questionou. Levantou-se e pegou o seu caderno de notas para mostrar ao pai. Assim que entrou no quarto e fechou a porta, Walmor abriu uma gaveta e retirou dela uma quantidade significativa de folhas soltas, Você quer acabar com a minha carreira? Você não é temente a Deus e às consequências do pecado? Se comentários surgirem nos jornais, o que meus eleitores vão dizer? Meu nome seria jogado aos porcos.

Diego sabia que a vida que lhe foi dada a conhecer até ali havia acabado. Pensou em perguntar como ele havia conseguido aqueles papéis, quem havia invadido seu quarto e vasculhado suas coisas. Mas o pai ainda tinha mais a dizer, Não é de hoje que eu venho desconfiando. Afinal, o que você poderia querer ficando sozinho nessa casa aos finais de semana com o único empregado que a habitava? Suas insistentes recusas em ir comigo ao Rio, um lugar que sempre lhe foi tão aprazível... Eu sabia que havia algo estranho. Comecei a sentir em ambos o mesmo perfume. Depois, conferi de perto e percebi que eu não estava ficando louco. Você sabe muito bem, Diego, até onde vai o limite das coisas. Você não conhece esse homem, não sabe do que ele é capaz para destruir o meu nome, algo que tenho tentado elevar há mais de duas décadas. É tudo?, perguntou Diego. Vá, disse o pai.

Quando abriu a porta do seu quarto, viu um bilhete no chão: Seu pai me mandou embora. Espera uma carta minha, Diego. Darei notícias.

Não havia outra alternativa a não ser esperar. Ao contrário do que o pai dissera, ele sabia que podia confiar em Elizeu. Ele voltaria, de alguma maneira.

Todos os dias, Diego interceptava a correspondência que chegava em sua casa, antes que as empregadas colocassem o que pertencia ao seu pai na bandeja do café. Então, finalmente, chegou. Com lágrimas nos olhos, Diego enfiou a carta na roupa que vestia e subiu as escadas com a pressa que só sabe quem foge de um incêndio. Com a luz da lamparina que mantinha à cabeceira, leu todas as palavras muitas e muitas vezes. Emocionou-se, riu, e decidiu colocar em ação um plano naquele mesmo dia. Voltou a sentir a ausência de rédeas do contentamento.

Àquela noite, depois que todos dormiam, procurou pelo pai. Venha cá, meu filho, ele disse da cama, ainda envolto nas cobertas. Como já sabia do que se tratava, ligou o som da sala de música, como sempre fazia para abafar o barulho. Walmor era ruidoso na cama. Depois da morte da esposa, nunca mais quisera casar. Dizia que a mulher fora o grande amor da sua vida, e assim seria até o final. Quando Diego fez treze anos, ele o chamou para o quarto e explicou que o papai precisava de uma mulher e que, na falta de uma, era ele quem precisaria fazer aquele papel para o pai. O menino chorou, disse que não, mas no fim, cedeu. Ele sempre ligava o som porque o espaldar da cama batia na parede com força. Não demorava mais do que quatro ou cinco minutos, quando então mandava que o filho voltasse para seu quarto. Quando o pai o procurou, Diego disse a si mesmo que daquela vez teria de ser diferente. Era preciso demorar-se mais. A música abrandou todos os sons ao redor enquanto Walmor se forçava para dentro do próprio filho. Para Diego, contudo, era como se não ouvisse nada.

Quando ele acabou, Diego foi para o seu quarto e, num hábito que mantinha desde a primeira vez, Walmor foi dormir no quarto de hóspedes, no andar de baixo, onde o banho de água quente funcionava melhor. Do seu quarto, ouviu seu pai abrindo o chuveiro lá em baixo.

Tudo nele doía, menos o corpo. Não daquela vez.

A manhã acordou com um grito de desespero. Era Carmélia, uma das cozinheiras. Logo mais as outras acorreram até onde ela estava e passaram a gritar também. Pendurado na escada, um corpo amarrado a uma corda. Walmor saiu do quarto e subiu os degraus da escada, o coração aos pulos. Meu Deus, meu filho, meu filho, meu filho... Quando tocou no pé e o virou para si, viu um bilhete pregado ao corpo e, com um certo alívio, percebeu que no desespero generalizado ninguém notou que se trata de um boneco. Walmor arrancou a carta e a leu, sobressaltado: *Não aprendi a ter amor pela música para tocar sozinho. Se eu continuasse a fugir do que sinto seria esse o meu destino. Vou para longe, sem deixar aqui um cadáver para que tenhas de enterrar. Eu me quero vivo, Elizeu também, por isso seguimos. Aguarde notícias minhas para muito breve. Serão as últimas. Adeus!*

Walmor sentou-se ao pé da escada, papel espremido junto ao peito, e chorou.

Era quinta-feira quando, no seu quarto, Walmor abriu o jornal e viu a notícia que levava o seu nome: DEPUTADO WALMOR SALES COMETE INCESTO COM O PRÓPRIO FILHO. A matéria era longa, e dava detalhes da vida íntima que obrigara o filho a ter por mais de cinco anos. Mais do que isso: trazia fotos e mais fotos espalhadas pelas páginas, tiradas na calada da noite, no último dia em que estiveram juntos sobre a mesma cama. Sabia muito bem quem tirara aquelas fotos, e sabia também quem deixara a porta principal aberta para a entrada do fotógrafo... Ambos estavam, àquela hora, longe de qualquer atitude que ele pudesse tomar. Sua carreira estava arruinada para sempre. Que ele esquecesse completamente o seu destino presumível de ascensão. Havia sido derrotado. Em silêncio, foi para o quarto de música e ligou o som no último volume.

Ninguém ouviu quando ele apertou o gatilho.

Nunca longe demais de ti

Como fazia todos os finais de tarde, Taumaturgo retirava a cadeira de balanço da sala de estar e a arrastava até o corredor. Ajeitava a almofada, posicionava-a de frente para a porta de entrada da casa, e esperava que seu grande amor retornasse.

Há mais de três anos, todos os dias – inclusive aos domingos, feriados e dias santos – Taumaturgo fazia a mesma coisa. Assim que Emiliana, sua cuidadora, terminava de lhe servir o jantar, por volta de 17h, lá ia o homem arrastar a cadeira, as costas levemente curvadas para a frente, as grandes mãos enrugadas se fechando ao redor dos braços do velho e pesado objeto, como uma carícia desajeitada: entendiam-se no que havia de mais ancestral em ambos.

Seus filhos – tinha dois – vinham visitá-lo duas vezes por mês. Uma vez vinha um, na outra vez o outro, e por isso ele achava que os rapazes combinavam uma espécie de cronograma para cumprir com uma obrigação. Ou talvez não. São dois homens tão ocupados. Vêm quando dá, e nunca dá certo para virem juntos, justificava. Até vinham – no natal. Davam-lhe um beijo na bochecha flácida, traziam presentes, esperavam que ele fosse se deitar e iam se confraternizar com suas famílias. Nessas ocasiões, já na cama, olhava para os filhos e dizia, Sua mãe não voltaria muito tarde em pleno dia de natal, não é?

De nada adiantava que lhe dissessem, repetidas vezes, que a mulher estava morta. Mas morta como? E ia até o guarda-roupa e escancarava as portas. Ela viajou! Reparem aqui: nenhuma roupa. Levou também as três malas que tinha. Ela vai voltar. E não se conformava, Logo agora que eu finalmente entreguei os pontos e fechei a loja que ela tanto me pedia pra fechar... Então Diogo, o filho mais velho, cumpria seu próprio ritual e lhe contava, com a calma de sempre, toda a história:

    A dor se anunciou em Marieta como um prenúncio de partida. Foi aos quase cinquenta anos de casada. Subiu os poucos batentes que separavam o quintal da casa, quando se viu atormentada por uma sensação tão aflitiva que, ela intuía, seria a partir dali um sofrimento, até que pudesse deixar de ser e ela estivesse libertada, enfim. Segurou-se no trinco da porta para evitar a queda. Era uma tontura de mil tormentas. Fechou os olhos e decidiu que só os abriria quando aquela sensação passasse. Não passou. Alguma coisa lhe dizia que dali pra frente não teria mais volta – o que ela vinha sentindo de uns tempos pra cá exigia dela a coragem para dar o passo adiante, não para trás. É de enfrentamentos que se compõem os dias. E ela sabia que era precisamente o que faria nos dias e meses seguintes. Aos poucos, Marieta foi abrindo os olhos e deixando a luz entrar. Olhou para o marido, sempre sentado a se balançar, o pensamento distante, abandonado de si mesmo.
    Quando teve forças, ligou para os filhos. Exigiu que eles viessem naquela noite mesmo. Se seguisse a força do que percebia dentro de si, podia ser que não houvesse mais nenhum dia depois para eles: fugiria. Ela explicou a situação. Dário, o filho mais novo, ainda tentou argumentar, talvez demovê-la, Mas que história é essa, mamãe? Primeiro a senhora precisa averiguar... Eu não preciso averiguar nada. Saio daqui para tentar dar um jeito no que sinto. Se eu não conseguir, paciência. Deem um jeito para que Taumaturgo não sofra pela minha ausência.

Conversaram longamente e resolveram aceitar. Baseados no histórico da mãe, sabiam que poderia ser bem pior caso resolvessem medir forças.

Arrumou com zelo todas as suas roupas dentro das malas, enquanto os filhos entretinham o marido na mesa da cozinha. A um sinal feito com a mão, um deles entrou no quarto e a ajudou a carregar tudo para fora. Marieta saiu de casa sem se despedir do marido – deixou um bilhete de meia página – e tomou o rumo da casa de repouso para onde combinara ir por uns dias. A partir disso, ela tomaria as decisões que precisasse.

Taumaturgo não chorou quando soube que a esposa havia raptado a si mesma, sem beijo nem até logo. Achava que naquela idade era preciso compreender as razões da mulher com quem passara a maior parte dos seus dias, ainda que não compreendesse. Assim sendo, ficou apenas de um aturdimento benevolente. Foi quando começou o arrastar da cadeira de balanço todos os dias da sala de estar para a porta da frente da casa, à espera de um regresso que não acontecia nunca. Com o passar dos meses, Taumaturgo foi ficando esquecido de muitas coisas, mas da mulher, nunca. Perguntava por ela todos os dias, dando certezas de que logo mais ela retornaria.

Até que, há cerca de oito meses, os dois filhos apareceram para anunciar que a mãe havia morrido. Nunca recuperara a consciência desde a cirurgia para a retirada do tumor na cabeça. Era um lugar de difícil acesso, disseram. Segundo os médicos, era como se um avião tivesse caído bem no alto de uma montanha, onde o socorro só chegaria com muito atraso. Ela quis tentar mesmo assim. Dizia a eles que era aparentemente inoperável apenas porque ficava atrás do juízo. Retirem esse tumor de onde ele está que vocês o encontram e tudo se resolverá. Então ela sabia o tempo todo, disse Taumaturgo. Mamãe tinha uma intuição quase premonitória, disse Diogo. E o enterro, por que não me deixaram ir? Porque ela não foi enterrada. Mamãe foi cremada, respondeu Dário. E não queria espalhar tristeza. Pediu para que não houvesse cerimônia. Você bem sabe como ela sempre foi muito resguardada. Diogo havia ido ao carro pegar a urna com as cinzas. Na volta, entregou a ele dizendo, Faça com elas o que bem entender.

Durante uma semana, Taumaturgo deixou a cadeira de balanço na sala de estar, até que recebeu um envelope pelos correios que lhe renovou a esperança. Escondeu-o de todos, e passou a guardá-lo debaixo do sobretudo que usava por conta da friagem. Passou a colocar novamente sua cadeira na porta da frente da casa. Emiliana contou para Diogo e Dário que, desde que recebera um tal envelope, aparentemente de algum hospital, Taumaturgo vivia a sorrir, como se fosse o jeito com o qual pretendia levar a vida, e também que passara a esperar a volta de Marieta todos os fins de tarde. Diogo especulou que ele talvez tivesse feito algum exame e o resultado, seja lá qual fosse, o agradara. Na certa ele acha que em breve vai se encontrar com mamãe, disse Dário. Papai é ateu, respondeu Diogo. Dário olhou para o irmão com um olhar cúmplice, Vai saber no que as pessoas se tornam no final da vida?

Mais de um ano de cadeira de balanço ao pé da porta e cabeça em desejos de realidade, uma mão abriu o trinco e um sorriso: era Marieta, de volta, uma só maletinha na mão. Veio disposta a desfazer tudo, pedir perdão pelas mentiras, contar de sua paixão pelo senhor viúvo balconista da farmácia por quem se apaixonara e com quem resolvera fugir mas que no fim era um homem que não valia nada do que aparentava ser; queria explicar que criou aquela história de doença e morte para os filhos repassarem a ele porque era uma covarde, sempre fora frágil com as dores do marido, era só por não querer vê-lo sofrer dores de abandono, os meninos sabiam de tudo, mas não era culpa deles; que queria mesmo era ser feliz com ele e só com ele, ainda tinham muitos dias de vida pela frente. Vamos pegar nosso dinheiro, viajar, aproveitar que estamos bem, saudáveis, vamos ser dois velhinhos malucos juntos, meu bem.

    E no meio de tantas possíveis palavras de explicação, Taumaturgo levantou-se, colocou dois dedos sobre os lábios da amada assim que ela fez menção de dizer tudo isso. Não queria saber de nada, nem hoje nem nunca, dizia o gesto. Eu só quero saber que você está de volta aqui comigo. Eu sempre soube que você ia voltar, desde que mandei examinar as cinzas e recebi o laudo dizendo que não passavam de cinzas de madeira queimada. Eu sabia que tinha alguma coisa fora de lugar e que era apenas uma questão de tempo. Mas agora eu só quero saber que você veio, que você voltou, Marieta. Você voltou, disse, ainda sorrindo. Envolveu a mulher com os braços e beijou-a nos lábios, no pescoço, no colo repleto de sinais, beijou-a cegamente, como se aquela fosse a primeira noite que passariam juntos.

    Era o amor.

Aprender a viver

Lá em casa era surra todos os dias.

Bastava meu pai chegar em casa um pouco mais estressado, ou achar que tinha ouvido um tom de voz um tantinho mais impaciente da parte de um dos três filhos e a gente já sabia: ele mandava um de nós ir pegar sua chinela com solado de couro, e era com ela que nos batia nas mãos, nas costas, onde pegasse.

A vida inteira tinha sido assim, e eu via no olhar dos meus irmãos aquilo que aprendíamos no catecismo. Era preciso honrar pai e mãe, reagir poderia significar uma vaga garantida no inferno, e naqueles tempos, quando ainda acreditávamos nisso, deixávamos que o braço do nosso pai nos batesse até que estivesse finalmente saciado, quando então íamos para o quarto chorando como se subitamente tivéssemos deixado de compreender o sentido da vida.

Eu o observava todos os dias do meu canto no mundo, e mesmo pequeno, compreendia que havia algo muito fora de lugar. Como poderia estar feliz um homem que vivia às turras com a mulher, que soltava impropérios contra tudo o que via, demonstrando a quase nulidade de sua tolerância, que procurava com a ponta dos dedos, na bolsa que sempre carregava consigo, um maço de cigarros, que fumava um atrás do outro, preenchendo os pulmões com o que não conseguia suprir na própria vida? Meu pai era claramente um homem cujos nervos eram postos à prova a todo instante, e isso ia lentamente acabando com a sua sanidade.

Talvez para encontrar algum tipo de espaço – ou apenas porque era machista mesmo, jamais saberei – havia em nossa casa uma divisão clara de tarefas. Provavelmente por isso ele nunca se importou em saber como eu e meus irmãos íamos na escola. Toda a parte de educação ficava às expensas de minha mãe, a pessoa que nos levava e deixava no colégio e que ia às reuniões escolares. Hoje sei que se tantas vezes tirei nota baixa, pouco se deveu ao fato de eu não saber o que deveria fazer diante das perguntas da prova. Era um pedido desesperado para que meu pai se importasse comigo. Olha aqui, eu nunca vou ser ninguém na vida, faça alguma coisa por mim, olhe pra mim, me aconselhe, diga que me ama, me ensine o que eu não sei. E mesmo assim era como se afogar solitariamente durante um mergulho em águas salgadas.

    A aproximação se dava em momentos em que eu não o reconhecia. Às sextas-feiras, meu pai chegava em casa mais cedo. Abria a porta de correr de acrílico de uma pequena despensa embaixo da pia da cozinha, retirava uma garrafa de uísque e colocava uma dose para si mesmo, misturando a bebida a gelo e coca-cola. Em seguida ia para a sala e colocava música em volume alto, quando todos já estavam dormindo. Meu pai ficava sentimental quando bebia, e a música alta parecia ser a *sua* forma de chamar atenção, Venham aqui, vejam como eu posso ser um cara amoroso, carinhoso até; eu não sei ser apenas um troglodita constantemente armado. Nenhum de nós, contudo, entendia os sinais. Se aparecíamos na sala de madrugada, era pra berrar que a música não nos deixava dormir, e voltávamos para o quarto. Minha mãe muito raramente saía do quarto para fazer esse pedido, a maior parte das vezes se resignava no escuro do quarto de casal, talvez com um travesseiro no rosto para abafar o som – ou o choro de suas lágrimas. Era nesse cenário que ele passava a noite toda. O primeiro que acordava geralmente o via dormindo sentado no sofá, ou na cadeira de balanço que ficava perto do som, o disco há muito parado, bitucas de cigarro em toda parte, restos de comida no chão ou nas cadeiras. Pai, se levante, vá para a cama, eu dizia todas as vezes em que era o primeiro a acordar no sábado. Ele acordava meio aturdido, tocava o alto de minha cabeça como se me desse uma benção, ainda com os olhos meio fechados, tomava um impulso para se levantar e ia cambaleando para o quarto.

Quando ele se cansou dessa vida, voltou às farras de juventude. Agora, raramente passava uma sexta-feira em casa. As brigas com minha mãe pioraram muito. De vez em quando ligavam de algum lugar dizendo que ele estava caído sobre a cadeira de um bar, ou que estava exposto a risco na rua. Eu mesmo que não vou buscar, minha mãe dizia, depois de desligar o telefone. Eu aprendi a dirigir para socorrer meu pai, que apesar de tudo, eu não queria que morresse. Ele voltava, dormia imediatamente e, quando acordava, minha mãe fazia um escarcéu dentro de casa. Era nessa hora que eu e meus irmãos ficávamos mais unidos. Um de nós tomava a iniciativa de se juntar aos outros e inventávamos alguma brincadeira para fazer de conta que não ouvíamos o que se passava na sala.

Quando esses sermões de minha mãe aconteciam, meu pai passava uns tempos sem sair de casa e voltava ao ritual de bebidas, cigarros, comidas que ele fazia de madrugada já bêbado, e a lamentação de que ninguém queria ficar com ele. Passou a fazer o que sabia executar bem: oprimir e punir. Escolhia aleatoriamente um dos filhos para fazer-lhe companhia madrugada adentro. Se o escolhido se recusasse, quando não apanhava – às vezes ele mesmo sabia que já estava bêbado demais até para nos bater – perdíamos o direito à mesada, ou ouvíamos que éramos tão imprestáveis que não servíamos nem para dar um pouco de atenção a um pai que só queria conversar. Nesse tempo, valia de tudo para nos convencer: várias vezes o escolhido da noite acordava com um copo de água gelada na cara, e era assim impelido a ir para a sala passar a noite conversando com o pai, o que significava dizer ouvindo-o falar, porque o objetivo era depositar na gente, estimulado pelo fator etílico, todos os seus sofrimentos.

Nunca vi meu pai compartilhar o que quer que fosse com qualquer pessoa que ao menos se assemelhasse a um amigo. À medida que os anos passavam, eu via meu pai ficar mais sorumbático, incapaz de se socializar de forma mais duradoura com alguém, escolhendo a esmo dias de farra quando talvez dissesse algo a um de seus companheiros de noitada, mas a introspecção era, aos quarenta e tantos anos, a estrada que ele fora obrigado a pegar pelas complexas vicissitudes da vida, ele não sabia como fazer um caminho diferente desse, ou talvez achasse que não tinha mais para onde ir. Dia após dia, enquanto eu e meus irmãos íamos ganhando asas rumo à adolescência, meu pai se tornava um homem acorrentado pela solidão.

Foi nesse tempo que ele descobriu um problema grave no fígado, e precisou parar de beber. Já tinha parado de fumar há alguns anos, a pedido da amante que tinha desde os tempos quando eu ainda era criança, que dizia se preocupar com ele mas que, na verdade, tinha abuso ao cheiro do cigarro, ela me confessou anos depois, quando nos reencontramos no enterro dele. Solange, o nome dela. Era a empregada na casa de uns tios meus, que meu pai conhecera por ocasião das festas de fim de ano. Numa delas trocaram telefones e não se desgrudaram mais. Agora, diante do medo da morte, meu pai se agarrava ainda mais a ela e, com isso, passava fins de semana inteiros fora de casa. Encontrava em Solange o que há muito perdera com a minha mãe: a capacidade para o diálogo, a vontade do acolhimento.

Nos mudamos de uma casa para um apartamento pouco tempo depois de eu quebrar o fim de uma era: um dia, meu pai foi me bater e eu vi no seu semblante, unicamente, a fragilidade de quem agia de forma automatizada. Bater era a reação que ele aprendera a ter diante de qualquer contrariedade. Segurei seus dois braços e disse com firmeza e sem especular sobre castigos divinos, Em mim você não bate mais. Ele ainda tentou reagir, não ia se despir de suas tão surradas vestes facilmente, mas foi esforço inútil. Eu já estava maior e mais pesado do que ele àquela altura e ele compreendeu que seu tempo se encurvava para baixo. Largou a chinela no chão e eu fui correndo para o meu quarto. Não queria ficar ali e parecer disposto a transformar a afronta em humilhação.

Passamos meses sem nos falar. Eu acabara de entrar para a universidade e agora vivia uma vida relativamente independente de seus humores, porque quase não o via e também porque, naquele momento, minha vida apontava para muitas direções e nenhuma delas o abarcava. Nos encontramos num momento em que eu ia saindo de casa e ele ia chegando, À noite, quero conversar com você, ele me disse enquanto abria a porta para que ele saísse e eu pudesse entrar no elevador. Sumi quando a porta do aparelho passou diante do meu rosto e começou o processo para me levar até o térreo. Desci onze andares sentido o cheiro do seu perfume. Reconheci, misturado à fragrância, os odores do meu próprio pai, e me perguntei se algum dia eu poderia me desimpregnar da existência dele, como sentia agora nas minhas narinas. Ou se queria.

    Depois do jantar, ele pediu para que eu o acompanhasse. Fomos juntos até o subsolo, diante do olhar desconfiado de minha mãe. De longe, ouvi o barulho do carro sendo destravado. Eu entrei no lado do carona, ele no do motorista, e quando eu já ia perguntar para onde íamos, ele começou a chorar. Disparou diante de mim todo o sofrimento de uma vida, Eu já não vejo mais sentido em nada, Augusto, me disse. É como se eu visse, para trás ou para diante de mim, um imenso túnel negro no qual me vejo obrigado a caminhar. Eu baixei a cabeça e tentei respirar devagar. Tinha tantas coisas a dizer mas não fazia ideia de como começar. Tomei, pela primeira vez na vida, a liberdade de um gesto genuíno de carinho, e coloquei minha mão sobre a dele, que repousava sobre o câmbio do carro. Ele apenas deixou que minha mão ficasse ali, talvez com receio de que ao menor movimento eu pudesse tirá-la, por uma súbita vergonha ou reflexo. E aquele ficou sendo nosso gesto mais próximo de carinho em muitos anos, talvez durante toda a vida.

    Meu pai sentia que caminhava por estradas que não levavam a lugar nenhum. Tinha uma amante que não via condições de assumir, e achava que "já havia passado da época" de se divorciar da minha mãe. Somos dois velhos, meu filho, ele me disse. Agora vamos nos aguentar, porque não dá pra recomeçar a vida com os reumatismos chegando. Sorri de canto de boca um sorriso triste. Pensei em minha mãe, cuja incompetência para a felicidade a fez se submeter a um casamento há décadas despedaçado. Vi meu pai colocar diante de mim tudo aquilo que eu já sabia, e que ele também sabia que eu já sabia, ainda que a maioria daquelas coisas nunca tivessem sido ditas para mim. Falou das mágoas de infância com a mãe, que batia nele e protegia o irmão, de ter sido obrigado a sair muito criança de um interior que proporcionava a ele uma existência miserável para tentar a vida na capital, onde se submeteu a morar com tios num cubículo contíguo à casa da família e se alimentar do que sobrava da janta dos familiares. Delineou toda a sua geografia, como se fizesse o depoimento para o escritor de sua biografia. Quando finalmente terminou, enxugou as lágrimas e olhou para mim de canto de olho, como se esperasse receber um abraço que não existiu. Ficou implícito que a posição em que estávamos, ambos sentados de frente para o painel do carro, desfavorecia o gesto. Desculpa esfarrapada para dois homens que nunca haviam trocado muito afeto e agora não se viam suficientemente desavergonhados para fazê-lo.

O que senti ali, naquele momento com meu pai dentro do carro, foi que ele nunca entendeu que a vida é como um acordeom: é preciso agarrá-la para poder tocá-la, e seu movimento natural é o de se estender e se retrair a toda hora, e compreender a dimensão desse percurso é a única possibilidade para escapar do sentimento de que a vida é um erro.

Não há tragédia em estar vivo, meu pai, disse a ele. A tragédia é não se querer bem nem minimamente e parecer fazer esforços para afastar todos os outros de si. Mas será que você não entende, depois de tudo o que contei, que o motivo d'eu fazer tudo o que faço está muito antes da minha vida adulta começar? Eu disse que sim, entendia, mas que não entendia o que ele queria que eu fizesse. Ele soltou um longo suspiro e voltou a passar uma das mãos pelos olhos. Era um homem vencido, um touro ferido de morte depois de longa batalha.

Saí do carro e bati a porta. Esperei o elevador chegar e, ao entrar em casa, fui tomar um longo e revigorante banho. No dia seguinte, fui tratar de conscientemente não repetir os mesmos erros que o levaram a uma existência tão amarga e triste.

O destino da humanidade repousa em não se afastar do ideal de felicidade.

Este livro foi composto em tipologia Meridien,
enquanto Cássia Eller cantava *O segundo sol*,
em pleno janeiro do verão mineiro de 2019,
no papel pólen Soft para a Editora Moinhos.